SLOW
PRODUCTIVITY

SLOW
PRODUCTIVITY

El arte secreto de la productividad
sin estrés

Cal Newport

Slow productivity : the lost art of accomplishment without burnout
Slow productivity : El arte secreto de la productividad sin estrés

Copyright © 2024 by Calvin C. Newport
All rights reserved. The moral rights of the authors have been asserted.
This edition published by arrangement with Portfolio, an imprint of Penguin Publishing Group, a division of Penguin Random House LLC

© **Editorial Reverté, S. A., 2024**
Loreto 13-15, Local B. 08029 Barcelona – España
revertemanagement@reverte.com

Edición en papel
ISBN: 978-84-10121-06-5

Edición ebook
ISBN: 978-84-291-9823-2 (ePub)
ISBN: 978-84-291-9824-9 (PDF)

Editores: Ariela Rodríguez / Ramón Reverté
Coordinación editorial y maquetación: Patricia Reverté
Traducción: Betty Trabal
Revisión de textos: M.ª del Carmen García Fernández

Impreso en España – *Printed in Spain*
Depósito legal: B 12047-2024
Impresión: Liberdúplex

122

A mi familia, por recordarme cada día la alegría de vivir sin agobiarse.

CONTENIDOS

SLOW PRODUCTIVITY

INTRODUCCIÓN

Un día de verano de 1966, hacia el final de su segundo año como redactor de *The New Yorker*, John McPhee estaba sentado a una mesa de pícnic que tenía bajo un fresno en el patio de su casa, cerca de Princeton, Nueva Jersey. «Estuve dos semanas tumbándome cada día bajo ese árbol y observando sus ramas y hojas, mientras luchaba contra el pánico», recuerda en su libro de 2017 *Draft No. 4*. McPhee ya había publicado cinco artículos de largo formato para *The New Yorker* y, antes de eso, había trabajado siete años como editor asociado de la revista *Time*. Dicho de otra manera, no era novato en ese campo, pero ese artículo en concreto que le producía tal parálisis en su mesa de pícnic aquel verano era el más complicado que había intentado preparar hasta la fecha.

McPhee ya había publicado otras reseñas. Fue el caso de su primera obra maestra, «A Sense of Where You Are»; la escribió para *The New Yorker* y trataba sobre Bill Bradley, la estrella del baloncesto de la Universidad de Princeton. También se había ocupado de artículos históricos: en la primavera de ese año publicó uno de dos partes sobre las naranjas; en él rastreaba la historia de esta humilde fruta, desde la primera referencia que se hizo sobre ella en China, en el año 500 antes de Cristo. Pero el proyecto que tenía entre manos en ese momento, acerca de los Pine Barrens del sur de Nueva Jersey, pretendía ser algo más: en lugar de redactar una reseña centrada en los Pine Barrens, tenía que entrelazar las historias de varios personajes, incluyendo una amplia recreación de diálogos y visitas a lugares concretos. Es decir, más que resumir la historia de un lugar, se trataba de profundizar en los aspectos geológicos, ecológicos e incluso políticos de toda una región.

McPhee se había pasado los ocho meses previos en la misma mesa de pícnic, investigando sobre el tema; llegó a reunir lo que más tarde definiría como «suficiente material para llenar un silo». Había viajado desde su hogar en Princeton hasta Pine Barrens tantas veces que le era imposible recordarlas, y llevándose muchas veces un saco de dormir para prolongar su estancia. Había leído los principales libros sobre la región y hablado con las personas necesarias, pero en el momento de empezar a escribir se sentía de repente abrumado. «Suelo sufrir falta de autoconfianza al comenzar un proyecto —explica McPhee—. No importa que lo que hicieras antes haya salido bien; tu último artículo no escribirá el siguiente por ti». Así que McPhee estaba de nuevo sentado a su mesa de pícnic, contemplando las ramas del fresno e intentando imaginar cómo organizar semejante batiburrillo de información. Permaneció allí sentado dos semanas más, hasta que se le ocurrió una solución: Fred Brown.

McPhee había conocido a Brown al principio de su investigación. Tenía 79 años y vivía en una especie de chabola, en lo más profundo de los Pine Barrens. Habían pasado muchos días paseando juntos por el bosque. La revelación que tuvo McPhee frente a su mesa de pícnic fue que Brown parecía en cierto modo relacionado con la mayoría de los temas que quería tratar. Por tanto, pensó que podía presentarlo al principio del artículo y después estructurar los temas que pretendía explorar como ramificaciones de ese hilo conductor que eran sus aventuras con Brown.

No obstante, incluso después de ese momento de inspiración, McPhee tardó más de un año en terminar su artículo, y lo hizo trabajando en un modesto despacho alquilado en la calle Nassau de Princeton, encima de una óptica y al otro lado del pasillo de un salón de masajes suecos. La versión final tenía más de 30.000 palabras y se dividía en dos partes que saldrían publicadas en dos números seguidos de la revista. Es un reportaje maravilloso y una de las publicaciones más leídas y apreciadas de la larga bibliografía de McPhee. Sin embargo, no habría existido si su autor no se hubiera propuesto dejar todo a un lado por un tiempo y tumbarse bajo el fresno a contemplar el cielo y a plantearse cómo crear algo maravilloso.

Me enteré de esta historia sobre el planteamiento relajado de McPhee en los primeros días de la pandemia del coronavirus, que fueron (por decirlo de una manera suave) tiempos muy difíciles para los escritores. A medida que transcurría esa angustiosa primavera, un malestar que siempre había estado latente —con las exigencias de *productividad* que sufren quienes se ganan la vida en oficinas y frente a la pantalla de un ordenador— empezó a hervir bajo la presión de las alteraciones provocadas por la pandemia. Yo mismo, que solía tratar el tema de la productividad en mis trabajos sobre la tecnología y la distracción, viví en carne propia esta violenta reacción, que además era cada vez más intensa. «El lenguaje de la productividad me supone un impedimento —me explicó por correo electrónico uno de mis lectores—. El placer de pensar y hacer las cosas bien está tan intrincado en la naturaleza humana..., y me parece que se diluye cuando está vinculado a la productividad». Alguien que puso un comentario en mi blog añadía lo siguiente: «La terminología de la productividad implica no solo hacer las cosas bien, sino hacerlas a toda costa». En estas frases se pone de manifiesto el papel que jugó la pandemia como impulsora de tales sentimientos. Otro internauta comentó en mi blog: «El hecho de que la productividad se mida en función del número de elementos producidos se hace más evidente, si cabe, durante esta pandemia, ya que se espera que los padres y madres con la suerte de seguir trabajando generen una cantidad similar de resultados mientras cuidan y educan a sus hijos». Esta energía que empezaba a bullir me sorprendió. Adoro a mis seguidores, pero no solía utilizar el calificativo *motivado* para describirlos; hasta este momento. Era evidente que algo estaba cambiando.

Enseguida descubrí que esa sensación creciente de antiproductividad no era exclusiva de mis lectores. Entre la primavera de 2020 y el verano de 2021 (poco más de un año), se publicaron al menos cuatro importantes libros que tratan el tema de la productividad. Entre ellos figuran *Do Nothing*, de Celeste Headlee; *Can't Even*, de Anne Helen Petersen; *Laziness Does Not Exist*, de Devon Price, y el sarcástico *Four Thousand Weeks* de Oliver Burkeman. Esta sensación de agotamiento por el trabajo se vio también reflejada en las múltiples olas de tendencias virales que se sucedieron durante la pandemia. Primero fue la denominada «Gran Renuncia» (*Great Resignation*). Si bien este fenómeno abarcaba muchos sectores económicos, entre las numerosas subnarrativas había una clara tendencia entre los trabajadores del conocimiento a rebajar las exigencias de su carrera. A la Gran Renuncia la sucedió el incremento de la «renuncia silenciosa» (*quiet quitting*): una cohorte de trabajadores más jóvenes empezó a rechazar de forma contundente las exigencias de producción de sus empresas.

«Estamos saturados de trabajo y estresados, siempre insatisfechos, e intentando alcanzar un nivel de exigencia que no hace más que aumentar», escribe Celeste Headlee en la introducción de *Do Nothing*. Pocos años antes, esta actitud habría parecido provocadora, pero en tiempos de pandemia sirvió para arengar a las masas.

Al observar un descontento cada vez más acuciante, me di cuenta de que algo serio ocurría. Los trabajadores del conocimiento estaban en estado de agotamiento por una actividad incesante. Pero no fue la pandemia lo que generó esta tendencia, solo llevó sus peores efectos más allá del límite de lo tolerable. Mucha gente tuvo que empezar de repente a trabajar desde casa, con sus hijos gritando en la habitación de al lado y preguntándose, mientras se reunían por Zoom: «¿Qué narices estamos haciendo aquí?».

Empecé a hablar sobre el descontento de los trabajadores y otras posibles interpretaciones de lo que significa ser profesional en mi boletín informativo y en un nuevo podcast que lancé al principio de la pandemia. Al ver que el movimiento antiproductividad iba adquiriendo velocidad, comencé también a tratar el tema con más frecuencia en mis reportajes en *The New Yorker*, revista con la cual colaboro y en la que, en otoño de 2021, inicié una columna bimensual titulada *Espacio de oficina*, dedicada a este tema.

Las historias que descubrí eran complicadas: la gente estaba agotada, pero las fuentes de ese progresivo agotamiento no estaban del todo claras. En las discusiones online sobre el tema surgían todo tipo de causas y teorías, en ocasiones contradictorias: «Las empresas incrementan sin parar las exigencias a su personal para extraer más valor de su trabajo». «No, en realidad, la causa del agotamiento es una cultura interiorizada de la actividad frenética, impulsada por los *influencers* online que hablan sobre productividad». «O tal vez lo que estamos buscando es el colapso inevitable del "capitalismo de la última etapa"». En definitiva, se buscaban culpables y se airearan frustraciones; y, mientras tanto, los trabajadores del conocimiento sentían cada vez más insatisfacción e infelicidad. La situación no pintaba nada bien, pero a medida que avanzaba en mi investigación sobre el tema atisbé un rayo de optimismo, surgido del mismo relato con el que hemos empezado este debate.

Cuando leí por primera vez sobre los días que John McPhee había pasado bajo el fresno de su jardín, experimenté cierta nostalgia recordando un pasado en el que a quienes se ganaban la vida con su mente se les dejaba el tiempo y el espacio necesarios para crear cosas impresionantes. «¿Acaso no sería agradable tener un trabajo así, en el que no tuvieras que preocuparte por la *productividad*?», pensé. Pero enseguida caí en la cuenta de algo: McPhee *era* productivo. Si tomas distancia de lo que hacía en su mesa de pícnic aquellos días del verano de 1966 y consideras toda su carrera, te encontrarás con un escritor que ha publicado, hasta la fecha, 29 libros, uno de los cuales ganó el Pulitzer, mientras que otros dos fueron nominados a los National Book. También ha publicado artículos para *The New Yorker* durante más de 50 años y, en su etapa como profesor de escritura creativa en la Universidad de Princeton, ha sido tutor de muchos jóvenes que se han abierto camino en este oficio, entre quienes destacan Richard Preston, Eric Schlosser, Jennifer Weinger y David Remnick. En otras palabras, no hay definición razonable de productividad que no debiera aplicarse también a John McPhee y, sin embargo, nada en sus hábitos de trabajo parece frenético, ajetreado o abrumador.

Esta visión inicial se convirtió, pues, en la idea principal de este libro, y es que tal vez el problema de los trabajadores del conocimiento no sea la productividad en un sentido general, sino la definición defectuosa de este término que se ha impuesto en las últimas décadas. La continua sobrecarga de trabajo que nos desgasta está generada por la creencia de que el «buen» trabajo requiere cada vez más actividad, respuestas más rápidas a correos electrónicos y chats, más reuniones, más tareas y más horas. Pero si analizamos esta premisa nos daremos cuenta de que carece de cualquier tipo de fundamento sólido. He llegado a la conclusión de que los enfoques alternativos de la productividad pueden justificarse con la misma facilidad, incluidos aquellos en los que se resta importancia a las listas infinitas de tareas y la actividad constante, y en cambio se venera algo similar a la pausada languidez de John McPhee. Es evidente que los hábitos y rituales de los trabajadores del conocimiento tradicionales como McPhee no solo eran inspiradores, sino que podrían —teniendo en cuenta la realidad laboral del siglo xxi— ser una rica fuente de inspiración para transformar nuestra percepción de la realización profesional.

Estas revelaciones dieron lugar a nuevas ideas sobre la manera de enfocar nuestro trabajo que al final resultaron en la formación de una alternativa a los supuestos que provocan el agotamiento actual de la población:

SLOW PRODUCTIVITY

Filosofía para organizar las actividades propias del trabajo del conocimiento de una manera sostenible y significativa, basada en los tres principios siguientes:

1. *Hacer menos cosas.*
2. *Trabajar a un ritmo natural.*
3. *Obsesionarse por la calidad y la excelencia.*

Como verás en las páginas siguientes, esta filosofía rechaza la actividad frenética, porque considera que la sobrecarga de trabajo es un obstáculo para generar los resultados que de verdad importan, y no un motivo de orgullo. También sostiene que la actividad profesional debería desarrollarse a un ritmo más humano y variado, que incluyera periodos de esfuerzo intenso y de relax a diferentes escalas de tiempo, y que tendría que basarse en la excelencia, no en la mera actividad. En la segunda parte del libro daré detalles acerca de los principios fundamentales de esta filosofía, mediante una justificación teórica de por qué son los correctos para tu vida profesional, seas líder de una empresa o trabajes bajo la supervisión de otras personas.

Mi objetivo no es solo ofrecer consejos para que el trabajo sea menos agotador. Tampoco lo es agitar un metafórico puño frente a los desalmados explotadores, indiferentes a la situación de estrés de sus trabajadores (aunque seguro que haremos algo de eso). Lo que pretendo es proponer una forma *nueva* de que tú, tu pequeña empresa o tu jefe piensen en lo que significa «hacer las cosas». Quiero rescatar al trabajo del conocimiento de ese ritmo frenético cada vez más insostenible y reconvertirlo en algo más sostenible y humano, que te permita crear cosas de las que sientas orgullo sin tener que machacarte por el camino. Es evidente que no en todos los trabajos de oficina es posible adoptar de forma inmediata este ritmo más intencional, pero (como detallaré más adelante) se puede aplicar a muchas más situaciones de las que crees. En otras palabras, quiero demostrarte que cumplir con tu trabajo sin quemarte no solo es posible, sino que debería ser la norma.

Pero antes de adentrarnos en el tema hemos de entender por qué el sector del conocimiento ha caído en su pésimo funcionamiento actual en lo que respecta a la productividad, ya que si comprendemos la incoherencia de su origen nos será más fácil rechazar ese *statu quo*. Iniciemos, pues, nuestro viaje hacia este objetivo.

Parte 1

FUNDAMENTOS

1 | AUGE Y CAÍDA DE LA SEUDOPRODUCTIVIDAD

E ra el verano de 1995 y Leslie Moonves, recién nombrado presidente de CBS Entertainment, recorría los pasillos de las inmensas oficinas centrales de Television City. No estaba contento con lo que veía, porque eran las 15:30 h del viernes y en la oficina solo quedaba una cuarta parte del personal. Según publicó el periodista Bill Carter en su libro de 2006 sobre la industria de la televisión en esa época, *Desperate Networks*, un Moonves frenético envió al personal un mensaje bastante contundente al respecto: «Por si alguien no se ha enterado, estamos en el tercer puesto de la clasificación. Imagino que en la *ABC* y en la *NBC* todo el mundo sigue trabajando a las 15:30 h del viernes. Esto no se puede tolerar».

A primera vista, esta estampa es un ejemplo estereotípico de cómo veía la productividad el sector del conocimiento en el siglo XX: el «trabajo» es una cosa indefinida que lleva a cabo la plantilla de una oficina. Cuanto más se trabaja, más se produce. El jefe debe controlar que se haga una cantidad de trabajo *suficiente*, porque sin esta presión la gente más vaga intentará cumplir con lo mínimo. Por consiguiente, las empresas de mayor éxito son las que cuentan con los trabajadores más exigentes.

Pero ¿cómo hemos llegado a esta manera de pensar? La hemos escuchado tantas veces que nos hemos convencido de que es verdad, pero prestando atención veremos una realidad muy distinta. No hace falta indagar mucho para descubrir que, respecto al objetivo básico de hacer las cosas en el sector del conocimiento, en realidad sabemos mucho menos de lo que decimos...

¿Qué es la «productividad»?

En vista de que en los últimos años el creciente hastío de nuestra sociedad por la «productividad» se hacía cada vez más evidente, decidí preguntar a mis lectores sobre el tema. Mi objetivo era matizar lo que yo pensaba que estaba provocando este cambio. Al final, cerca de 700 personas participaron en mi encuesta, casi todas trabajadoras del conocimiento. La primera pregunta era fácil, una especie de calentamiento: «En tu ámbito profesional concreto, ¿cómo definiría la gente la "productividad" o "actuar de forma productiva"»? Las respuestas me sorprendieron no tanto por lo que decían como por lo que no decían. La más común, con diferencia, fue limitarse a enumerar los *tipos* de cosas que quien respondía hacía en su trabajo.

«Producir contenido y servicios para el beneficio de las organizaciones participantes», contestó un ejecutivo llamado Michael. «La habilidad de producir [sermones] preocupándote a la vez por tus feligreses con visitas personales», dijo un pastor llamado Jason. Una investigadora, Marianna, señaló que era «asistir a reuniones [...] hacer experimentos en el laboratorio [...] y producir artículos revisados por pares». Un director de ingeniería de nombre George definió la productividad como «hacer lo que has dicho que ibas a hacer». Pero ninguna de estas respuestas incluía objetivos específicos que cumplir, ni medidas de rendimiento para diferenciar entre un trabajo bien hecho y uno mal hecho. Y si se mencionaba la cantidad, solía ser en el sentido general de que más es siempre mejor. (La productividad es «estar siempre trabajando», explicó un exhausto posdoctorado llamado Soph). A medida que leía las respuestas emergió en mí una revelación inquietante: aun con todas las quejas sobre el término, los trabajadores del conocimiento no han llegado siquiera a ponerse de acuerdo en lo que significa «productividad».

Y esta ambigüedad va más allá de la reflexión personal, puesto que se refleja también en el tratamiento académico de la cuestión. En 1999, el teórico de la gestión empresarial Peter Drucker publicó un artículo titulado «La productividad del trabajador del conocimiento: el mayor reto». Al principio del mismo, Drucker admite que «la investigación sobre la productividad del trabajador del conocimiento apenas se ha iniciado». Con la intención de subsanar esta situación, continúa enumerando los seis «factores principales» que influyen en la productividad en este sector, incluyendo la claridad sobre las tareas y el compromiso con el aprendizaje y la innovación continuos. Ahora bien, igual que con las respuestas a mi encuesta, todo esto no es más que lo que dice él sobre el tema: identifica cosas que *podrían* definir el trabajo productivo en un sentido general, sin ofrecer propiedades específicas que medir o procesos que mejorar. Hace unos años entrevisté para un artículo a Tom Davenport, profesor del distinguido Babson College. Me interesaba hablar con él porque, al principio de su carrera, fue de los pocos académicos que intentaron investigar en serio sobre la productividad en el sector del conocimiento; su trabajo culminó con el libro, publicado en 2005, *Thinking for a Living: How to Get Better Performance and Results from Knowledge Workers*. Sin embargo, Davenport acabó decepcionado, en vista de lo difícil que era progresar de forma significativa en este tema, y decidió investigar en otras áreas más gratificantes. «En la mayoría de los casos, la gente no mide la productividad de los trabajadores del conocimiento —explicaba—. Y, cuando lo hacemos, es de una manera un poco tonta, midiendo, por ejemplo, cuántos artículos produce el personal académico, sin tener en cuenta su calidad. Aún estamos en una fase bastante inicial». Davenport ha escrito o editado 25 libros. Bien, pues me dijo que *Thinking for a Living* fue, de todos, el que menos se vendió.

Resulta muy extraño que un sector tan amplio como el del trabajo del conocimiento carezca de una definición estándar y útil de la productividad. En casi todas las demás áreas económicas, la productividad es —además de un concepto bien definido— parte fundamental del desarrollo de cada labor profesional. De hecho, un gran porcentaje del asombroso crecimiento económico de nuestro tiempo puede atribuirse a un tratamiento más sistemático de esta idea fundamental. Los primeros usos del término se remontan a la agricultura, donde su significado es evidente: para un granjero, la productividad de una parcela de terreno se mide por la cantidad de alimento que esta produce. Esta relación entre producción e insumos es una especie de brújula que permite a quienes poseen una granja navegar entre las posibles maneras de cultivar sus tierras; así, los sistemas que funcionan mejor producen más fanegas por hectárea. Este uso de una medida clara de productividad para ayudar a mejorar los procesos puede parecer obvio, pero su introducción supuso un avance enorme en cuanto a la eficiencia. En el siglo XVII, por ejemplo, dio lugar al sistema de plantación en cuatro hileras de Norfolk, que eliminaba la necesidad de dejar los campos en barbecho. Esto, a su vez, hizo que muchos granjeros fueran de repente bastante más productivos, contribuyendo así al inicio de la revolución agrícola británica.

Cuando en el siglo XVIII se inició la Revolución industrial en Inglaterra, los primeros capitalistas empezaron a aplicar los principios de la productividad de la agricultura a sus fábricas. Al igual que con los cultivos, la idea era medir la producción obtenida por una determinada cantidad de insumos, y experimentar después con diferentes procesos para mejorar este valor. Mientras que los granjeros se preocupan por la cantidad de fanegas por hectárea, a los propietarios de fábricas les interesa, digamos, el número de automóviles producidos por hora de trabajo. Los granjeros podrían mejorar sus números empleando un sistema de rotación de cultivos más inteligente, mientras que los dueños de fábricas podrían hacerlo cambiando la producción a una cadena de montaje continua. En estos dos ejemplos se producen cosas diferentes, pero la fuerza que impulsa el cambio de método es la misma: la productividad.

Este énfasis en la mejora cuantificable tuvo un coste humano bien conocido: trabajar en una cadena de montaje resulta repetitivo y aburrido, y la presión para ser más eficiente da lugar a unas condiciones que generan lesiones y agotamiento. Sin embargo, la habilidad de la productividad para originar un crecimiento económico impresionante en estos sectores hizo que se ignoraran tales preocupaciones. Las cadenas de montaje son horribles para los operarios, pero cuando en 1913 Henry Ford introdujo este método en su fábrica de Highland Park, Michigan, las horas de trabajo para producir un coche del Modelo T se redujeron de 12,5 a 1,5, una mejora impresionante. Al final de esa década, la mitad de los automóviles fabricados en Estados Unidos eran de Ford Motor Company. Es difícil resistirse a tales recompensas. Y es que la historia del crecimiento económico en el mundo occidental de nuestra época es, en gran medida, la del triunfo del pensamiento productivo.

Pero, cuando a mediados del siglo XX surgió el sector del conocimiento como fuerza relevante, toda esta rentable dependencia de las características «frescas», cuantitativas y formales de la productividad se esfumó. Y había una buena razón para abandonarla: la vieja noción de productividad, que tan bien había funcionado en la agricultura y la industria, parecía no servir para este nuevo estilo de trabajo cognitivo. Uno de los problemas tenía que ver con la variabilidad del trabajo. Cuando el célebre consultor en eficiencia Frederick Winslow Taylor fue contratado por la compañía Bethlehem Steel a principios del siglo XX para mejorar sus niveles de productividad, pudo asumir que cada trabajador de la fundición era responsable de una única y clara tarea; por ejemplo, sacar paletadas de escoria de hierro. Por tanto, fue capaz de cuantificar con exactitud la productividad por unidad de tiempo y ver así cómo mejorarla. En este ejemplo, Taylor acabó diseñando una pala mejor para los trabajadores de la fundición, de manera que pudieran mover más hierro por palada y evitar, así mismo, el sobreesfuerzo improductivo. (Por si te interesa saberlo, Taylor determinó que la carga óptima de una pala debía ser de 9,5 kilos).

Quienes trabajan en el sector del conocimiento, por el contrario, se enfrentan a cargas de trabajo complejas y en constante cambio. A lo mejor estás al mismo tiempo con un informe para un cliente, la web de la empresa, la organización de un evento y la resolución de un conflicto del que te acaba de informar el departamento de Recursos Humanos. En estos casos, la productividad es imposible de cuantificar. E incluso, aunque seas capaz de abrirte paso en semejante ciénaga de actividad para identificar la tarea más relevante (recordemos el ejemplo de Davenport contando las publicaciones académicas de cada docente), no hay manera sencilla de controlar el impacto de las obligaciones no relacionadas en la capacidad de producción de cada persona. Imaginemos que el año pasado publiqué más artículos que tú, pero tú presidías un comité muy importante que te supuso mucho tiempo de trabajo. ¿Podríamos decir que he sido más productivo que tú?

También tuvo dificultades para arraigar, en el contexto del trabajo del conocimiento, el planteamiento de Henry Ford de mejorar los sistemas y no a las personas. Los procesos industriales están definidos con precisión y, por eso, Ford podía detallar, en cada etapa de la cadena de montaje, cómo se producía el Modelo T en su fábrica. Sin embargo, en el sector del conocimiento los propios individuos toman las decisiones sobre la organización y ejecución del trabajo. Las empresas pueden estandarizar, por ejemplo, el software que usará su personal, pero luego cada cual elige los sistemas para asignar, gestionar, organizar, colaborar y, en última instancia, efectuar las tareas. «El trabajador del conocimiento no puede ser supervisado de cerca o en detalle —escribió Peter Drucker en su famoso libro de 1967 *The Effective Executive*—. Se le puede ayudar, pero cada individuo se ha de organizar».

Así pues, las organizaciones del sector del conocimiento se tomaron en serio esta recomendación y sustituyeron los sistemas industriales, diseñados con esmero, por la «productividad personal» de las oficinas; los propios trabajadores han de recurrir a su arsenal de herramientas y trucos (a menudo mal definidos) para dar sentido a su labor, y sin que nadie sepa cómo gestionan su trabajo los demás. No hay sistema capaz de estructurar de forma fácil este entorno, ni conocimiento alguno que pueda incrementar por diez la productividad, como lo hizo la implantación de la cadena de montaje. El mismo Drucker acabó reconociendo la dificultad de pretender ser productivo gozando de tanta autonomía. «Creo que él creía que era difícil mejorar [...] dejamos que los internos dirijan el manicomio, que hagan el trabajo como quieran», me contó Tom Davenport recordando las conversaciones que tuvo con Drucker en los años noventa.

Estas realidades fueron un verdadero problema para el emergente sector del conocimiento. Sin una forma concreta de medir la productividad ni procesos bien definidos que mejorar, las empresas no tenían claro cómo gestionar a sus trabajadores. Y los autónomos y pequeños empresarios del sector, cada vez más numerosos, tampoco sabían cómo organizarse. En medio de esta incertidumbre, surgió una alternativa: *utilizar la actividad visible como indicador aproximado de la productividad real.* Si me puedes ver en mi despacho, o si trabajo desde casa y llegan con regularidad mis respuestas por correo electrónico y chat, entonces al menos sabes que estoy haciendo *algo.* Y se supone que, cuanto mayor sea mi actividad, más aporto a los resultados de la empresa. De la misma manera, cuanto mayores son mis ocupaciones como autónomo o empresario, más seguro puedo estar de que hago todo lo posible para conseguirlo.

A medida que avanzaba el siglo xx, esta táctica de la actividad visible se convirtió en la forma dominante de concebir la productividad en el sector del conocimiento. Por eso nos juntamos en edificios de oficinas y seguimos el sistema de 40 horas laborables a la semana, desarrollado para limitar la fatiga física del trabajo en las fábricas; y por eso mismo nos sentimos culpables cuando ignoramos el contenido de la bandeja de entrada del correo electrónico, o experimentamos esa presión interna para ser voluntario o «realizar una actividad intensa» cuando vemos que el jefe anda cerca. Y, al no haber otras medidas más sofisticadas de la eficiencia, dejamos también a un lado las tareas difíciles y nos dedicamos a otras más superficiales y concretas, que son las que antes podremos tachar de la lista de pendientes. Las largas sesiones de trabajo que no dejan de inmediato una estela obvia del esfuerzo realizado se convierten en fuente de ansiedad; es más fácil responder correos y hacer llamadas que ponerse a pensar en una nueva estrategia. En la encuesta que lancé, un trabajador social que se identificó como «N» describía la necesidad de «no hacer descansos, ir deprisa y corriendo todo el día», mientras que un director de proyecto llamado Doug explicaba que hacer bien su trabajo consiste en «producir montones de cosas», sean o no fundamentales.

Este paso desde la productividad concreta a una aproximación más ambigua es tan relevante para nuestro siguiente debate que hemos de darle un nombre y una definición formales:

SEUDOPRODUCTIVIDAD

El uso de la actividad visible como medio principal para aproximarse al esfuerzo productivo real.

Es la ambigüedad de esta filosofía la que genera tantos problemas a mis lectores cuando les pido que definan «productividad». No se trata de un sistema formal que se pueda explicar con facilidad, sino más bien un estado de ánimo, una atmósfera genérica de actividad significativa, mantenida de forma frenética. Y sus defectos también son más sutiles. Para los primeros trabajadores del conocimiento, la seudoproductividad tenía claras ventajas frente a los sistemas concretos que organizaban el trabajo industrial. Al fin y al cabo, la mayoría de la gente prefiere fingir estar ocupada en un despacho con aire acondicionado que estampar chapa todo el día en una fábrica bajo un calor sofocante. Como veremos a continuación, el enfoque del trabajo centrado en la seudoproductividad hace apenas dos décadas que ha descarrilado, pero el daño ha sido significativo.

¿Por qué hemos llegado a esta situación de agotamiento?

El relato inicial sobre Les Moonves y la *CBS* es el clásico ejemplo de seudoproductividad. Moonves necesitaba incrementar el rendimiento de su plantilla, y para ello hizo lo más obvio: pedirles que trabajaran más horas. Otra razón por la que elegí esta historia concreta es por el momento en que ocurrió. A mediados de los noventa, cuando Moonves envió ese mensaje de frustración a su personal, la sostenibilidad de la seudoproductividad como medio para organizar el trabajo del conocimiento había empezado a degradarse, de una manera silenciosa pero veloz.

El motivo de tal deterioro fue la llegada, en esa década, de los ordenadores. En un entorno en el que la actividad es un indicador aproximado de la productividad, la introducción de herramientas como el correo electrónico (y, más tarde, Slack), que indican de forma visible y con un mínimo esfuerzo que un individuo está ocupado, llevó de forma inevitable a que el trabajador del conocimiento dedicara más tiempo al día a hablar de su trabajo, de la manera más rápida y frenética posible, a través del incesante intercambio de mensajes electrónicos. (Un análisis llevado a cabo por la compañía de software RescueTime y basado en datos de 10.000 trabajadores del conocimiento resulta demoledor: reveló que estos comprobaban los mensajes entrantes cada 6 minutos de media). La llegada, más tarde, de los ordenadores portátiles y otros dispositivos, como los Smartphones, empeoró aún más esta tendencia, al extender la necesidad de demostrar que se está trabajando más allá de la jornada laboral, y persiguiéndonos incluso en casa por la noche o mientras asistimos a un partido de fútbol de nuestro hijo el fin de semana. Es cierto que los ordenadores y las redes sociales han abierto muchas posibilidades, pero al combinarlos con la seudoproductividad acaban sobrealimentando nuestra sensación de saturación y distracción, lo que nos lleva a su vez a colisionar con la crisis de burnout que sufrimos hoy en día.

Es clave resaltar la magnitud de estos males actuales. Por ejemplo, un estudio reciente de McKinsey y Lean In en el que participaron más de 65.000 trabajadores estadounidenses, sobre todo del sector del conocimiento, mostró un incremento significativo del número de personas que dicen sentirse quemadas «a menudo» o «casi siempre». Otra encuesta, en este caso de Gallup, concluye que los trabajadores estadounidenses se encuentran ahora entre los más estresados del mundo. Jim Harter, director científico de Gallup, ha observado que el estrés está relacionado con el aumento de la carga de trabajo.

«Se ha de mejorar el equilibrio entre la vida profesional y la personal», señaló.

Pero no necesitamos datos que nos confirmen lo que muchas personas han detectado ya en sus propias vidas. Las respuestas a mi encuesta, por ejemplo, están repletas de relatos personales de exceso de trabajo y agotamiento, originados por las nuevas tecnologías. Un planificador estratégico de nombre Steve me proporcionó un resumen perfecto de esta experiencia:

> Parece que las ventajas de la tecnología han generado la capacidad de añadir más cosas a nuestras jornadas y agendas de las que podemos gestionar manteniendo un nivel de calidad que merezca la pena [...] Creo que es aquí donde el agotamiento duele de verdad; cuando quieres hacer algo, pero no tienes la capacidad de hacerlo, o de hacerlo bien y dedicarle toda la pasión, atención y creatividad necesarias, porque se espera que hagas muchas otras cosas.

Por otro lado, Sara, que es profesora, explica cómo esta hiperactividad se ha ido colando también en el mundo académico, y describe una especie de avalancha de «correos electrónicos, Slack, reuniones por Zoom de última hora, etc., que me impiden (y a todos, en general) tener tiempo para hacer con calidad el trabajo que de verdad importa, que es pensar y escribir». Myra, asistente virtual, aportó una perspectiva diferente al resumir lo que había observado en los múltiples trabajadores del conocimiento a quienes atiende: «Mis clientes están muy ocupados, pero a menudo se sienten tan desbordados por todo lo que quieren o tienen que hacer que les cuesta reconocer sus prioridades. Por eso se limitan a trabajar mucho, confiando en que así les irá mejor».

En todos estos relatos se detecta cierta sensación de impotencia. Las medidas precisas de productividad que dieron forma al sector industrial nunca podrán encajar del todo en el entorno más «amorfo» del trabajo del conocimiento. (Pero tampoco deberíamos pretender que encajaran, ya que este planteamiento cuantitativo del trabajo conlleva una cruel inhumanidad). Por tanto, en ausencia de esta claridad, la seudoproductividad puede parecer la única opción viable. Y cuando se combina con herramientas de comunicación más accesibles y dispositivos portátiles, el resultado es un ciclo de actividad amplificado que nos empuja —como describió Myra con acierto— a trabajar mucho y a cubrir de esfuerzo profesional todos los rincones de nuestra vida, esperando que esta incesante actividad dé como resultado algo significativo. De todas formas, antes de resignarnos a esta sombría realidad, merece la pena reconsiderar la supuesta inevitabilidad de la seudoproductividad. Si retrocedemos por última vez a nuestra historia de la CBS y la analizamos más allá de las «heroicidades directivas» de Les Moonves, vemos que emergen indicios de una forma más sutil de pensar sobre cómo hacer las cosas en el trabajo del conocimiento.

¿Hay un planteamiento mejor?

La edificante conclusión de la historia de la CBS es que aquella cadena de televisión en apuros consiguió revertir su situación y pasar del último al primer puesto en la clasificación; allí se mantuvo varios años. Pero ¿a qué se debió en realidad este cambio? Un análisis más detallado revela que el hecho de que Les Moonves pidiera a la plantilla que trabajara más horas poco tuvo que ver. Podemos hallar una explicación más convincente en los largos y confusos esfuerzos de cierto operador de tranvías de un casino de Las Vegas: Anthony Zuiker. En 1996, era un joven de 26 años que cobraba 8 dólares la hora por llevar y traer turistas entre los hoteles Mirage y Treasure Island, y estaba bastante desilusionado con su trabajo. De más joven había destacado en su familia y en su círculo de amistades por su talento natural para la escritura, pero no sabía cómo poner en práctica estas habilidades. Bill Carter señala en *Desperate Networks*: «En sus peores momentos, Zuiker le preguntaba a Dios por qué le había dado esas cualidades si nunca iba a poder utilizarlas».

Su golpe de suerte llegó con un monólogo que escribió para que un amigo suyo actor lo utilizara en sus audiciones. Un agente de Hollywood que lo escuchó se enteró de que su autor era Zuiker y le preguntó si querría escribir un guion. Él se compró un manual sobre escritura de guiones y redactó el borrador de *The Runner*, en el que contaba la historia de un adicto al juego que se convertía en «recadero» de un mafioso. Aquel guion se vendió por una cantidad modesta, pero fue suficiente para poner a Zuiker en el radar de una nueva división de la productora de Jerry Bruckheimer, que quería en ese momento dedicarse más a la televisión. Por tanto, le invitaron a que les diera algunas ideas. Inspirado por el *reality show* de Discovery Channel *The New Detectives: Case Studies in Forensic Science*, que le gustaba mucho, se le ocurrió la trama de una serie policíaca similar a *Law & Order*, en la que se emplearían herramientas de alta tecnología para resolver los crímenes.

A la empresa de Bruckheimer le gustó la idea y le pidieron un guion de prueba. Para elaborarlo, Zuiker pasó un tiempo en el Departamento de Policía de Las Vegas. Un día sucedió algo memorable: el equipo de investigación criminal le pidió que peinara la alfombra de un dormitorio en busca de pistas. Cuando Zuiker se agachó con su peine, vio los ojos de drogada de la sospechosa, que estaba escondida debajo de la cama. La mujer le arañó antes de que los oficiales presentes lograran reducirla. «Esto sí que es un espectáculo», bromeó. Por fin estaba preparado para presentar su idea a una cadena. «Zuiker hizo magia ante un grupo de ejecutivos del departamento de Ficción de la *ABC* —escribe Carter— saltando por la sala, brincando por encima de los muebles y dando vida a sus personajes». No obstante, aun con toda la energía que desplegó, la cadena lo rechazó.

Entonces Zuiker, que estaba muy comprometido con su idea, reaccionó a ese fracaso fundando su propia productora, Dare to Pass, con el único objetivo de hacer realidad su serie de investigación criminal. Tras atraer el interés de una ejecutiva de la *CBS*, Nina Tassler, tuvo que reescribir tres veces el guion de prueba para que pudiera emitirse. Tassler presentó el guion mejorado a Moonves, que no acabó de entenderlo y lo rechazó. Pero Zuiker y Tassler siguieron trabajando en el proyecto. Entonces hablaron con Billy Peterson, un conocido director de televisión, para que escribiera una carta a Moonves hablándole de las bondades de la serie. Y a este le convenció la carta; finalmente, la *CBS* financiaría un episodio piloto.

Pese a todo, el proyecto se enfrentó a muchas dificultades. Se terminó tarde y, cuando los ejecutivos de la *CBS* hicieron un visionado previo a la hora del almuerzo quedó claro que seguía sin funcionar.

Moonves en concreto sentía que la historia era difícil de seguir. «Chicos, tenéis que trabajar más y empezar de nuevo», les dijo. El equipo corrió a remontar el episodio. Disponían de poco tiempo, porque para que el programa pudiera emitirse en otoño tenía que estar listo para presentarlo a los anunciantes en un acto previo, programado solo unos meses más tarde. La decisión final se tomó a última hora, en una reunión celebrada justo antes de la fecha límite para que la CBS anunciara su programación de otoño. Al final, Moonves tuvo que elegir entre la serie de Zuiker y la comedia de Tony Danza *Homewood P. I.* para los viernes por la noche, el último espacio que quedaba disponible. Pero se dejó llevar por su intuición y eligió a Zuiker; y su decisión fue trascendental. Este proyecto, que al final se tituló *CSI*, fue un éxito inmediato al emitirse por primera vez unos meses más tarde, en otoño de 2000. La combinación de *CSI* con *Survivor,* el otro gran bombazo de la temporada, hizo subir la audiencia y bastó para que la CBS saltara al primer puesto.

Los detalles del cambio de la CBS ofrecen un contraste útil entre diferentes concepciones de la productividad. Moonves intentaba salvar su cadena obligando al personal a trabajar más horas, pero al final lo que cambió su suerte fue el trabajo obsesivo de un excéntrico talento creativo que se pasó más de tres años alimentando una visión y modificándola una y otra vez con la intención de crear algo especial.* En otras

---

* Por supuesto, hay que señalar que el éxito final de los esfuerzos creativos de Zuiker también requirió del audaz apoyo de la ejecutiva de la CBS Nina Tassler. Aunque su enorme contribución tuvo poco que ver con trabajar hasta tarde o demostrar una actividad frenética; se trató más bien de la aplicación de un instinto creativo que había forjado gracias a su amplia experiencia. Esta es la clase de acciones que marcan la diferencia en el éxito.

palabras, los esfuerzos de Anthony Zuiker fueron mucho más variados, en tipo e intensidad, que lo que Moonves exigía a sus trabajadores. Zuiker no iba a una oficina cada día ni asistía a interminables reuniones. De hecho, en los años que tardó en desarrollarse *CSI* su «actividad visible» pasó por largos periodos en que era mínima y por otros de gran intensidad. Pero si analizas el conjunto su productividad es indiscutible: ¿a quién le importa que descansara, por ejemplo, un mes entero en 1999, si al final consiguió salvar la cadena de televisión en el año 2000?

Así, al igual que John McPhee aguarda frente a su mesa de pícnic a tener una idea sobre la estructura de su artículo, los esfuerzos de Zuiker apuntan hacia una definición del trabajo significativo y valioso que no requiere de una actividad frenética. Todo lo contrario, su magia surge en escalas de tiempo mayores, de un ritmo que —en comparación con las constantes exigencias de la seudoproductividad de la alta tecnología— parece, a falta de una palabra mejor, casi *lento*.

2 | UNA ALTERNATIVA MÁS RELAJADA

En 1986, la cadena de restauración McDonald's anunció un plan para abrir un local nuevo, con capacidad para más de 450 personas, en la Plaza de España de Roma. A gran parte de la población le desagradó la idea y el Ayuntamiento de la ciudad trató de impedir la apertura, mientras que el diseñador de moda Valentino, cuyo estudio estaba en esa zona, se quejaba de que el olor a hamburguesas impregnaría sus prendas. «Lo que más nos molesta es la americanización de nuestra vida», señaló el director de cine Luciano De Crescenzo. El alcalde creó incluso una brigada especial de limpieza para retirar los envases de hamburguesas que suponía que pronto llenarían las calles.

Fue en medio de todo este barullo cuando un activista y periodista, Carlo Petrini, lanzó un movimiento denominado *slow food* (se puede traducir como «comida lenta»). Un manifiesto definía sus objetivos de la siguiente manera:

> Contra aquellos —o, mejor dicho, contra la inmensa mayoría— que confunden la eficacia con la actividad frenética,

nosotros proponemos la vacuna consistente en una ración adecuada de placeres sensuales exquisitos, para disfrutarlos de una manera lenta y prolongada.

Empezaremos en la cocina, como tiene que ser, con la *comida lenta*. Para escapar del aburrimiento de la *fast food*, redescubriremos la rica variedad y los aromas de las cocinas locales.

Empezaron a surgir entonces por toda Italia restaurantes de comida lenta. Ese movimiento promovía las comidas pausadas, en comunidad, elaboradas con ingredientes locales y de temporada. Al cabo de un tiempo, presentaron otras medidas relacionadas, como la introducción de la asignatura de cocina regional en los programas escolares y el apoyo a la preservación de los productos tradicionales, como el delicioso albaricoque del Vesubio, originario de la región de Campania, en el sur de Italia. En 1996, el movimiento organizó el primer «Salón del Gusto» en Turín, para apoyar a los productores locales y sus tradiciones culinarias. Desde entonces, el evento, que se organiza cada dos años, atrae a más de 200.000 visitantes que pueden hacer degustaciones de comida en sus más de 1500 casetas. En la actualidad, esta feria se organiza en 160 países.

El movimiento *slow food* puede parecer algo muy de nicho, una especie de reunión de gente nostálgica, obsesionada por las posibilidades culinarias de los albaricoques italianos. Esto es lo que me habría imaginado yo hasta hace poco, si alguna vez hubiera pensado en ello. Pero, en cuanto me adentré en el ámbito del trabajo del conocimiento y la seudoproductividad, me llamó mucho la atención la apuesta de Carlo Petrini por las comidas lentas.

La revolución de la lentitud

Me topé por primera vez con el mundo de la comida lenta debido a mi atracción por la palabra *lentitud,* ya que parece englobar todo lo que no es seudoproductividad. Conocía el origen del movimiento —todo aquel asunto de McDonald's, Roma y las comidas pausadas— y pensé que podría ser una analogía útil para hablar de las alternativas al ritmo de trabajo acelerado. Pero cuando empecé a leer más sobre Petrini descubrí que este movimiento va mucho más allá de la comida; es una combinación de dos grandes ideas innovadoras que pueden aplicarse a diversos intentos de reforma en respuesta a los excesos de nuestra época.

La primera de estas ideas es el poder de las alternativas atractivas. Michael Pollan señala, en un elocuente artículo de 2003 acerca de la comida lenta, que Carlo Petrini se había quedado «consternado por la profunda amargura de sus camaradas de la izquierda». Se experimenta una satisfacción personal al señalar con severidad los defectos de un sistema, pero Petrini creía que el cambio sostenible implica darle a la gente una alternativa agradable y que reafirme su vida. Es decir, no se limitó a escribir un artículo mordaz sobre las fuerzas corruptas de McDonald's, sino que se dedicó a promover una relación nueva y atractiva con la comida que hiciera que la rápida fuera vista como vulgar. «Quienes sufren por los demás hacen más daño a la humanidad que quienes disfrutan», explicó Petrini.

La segunda idea de base para el movimiento de la comida lenta es el poder de extraer algo de las innovaciones culturales que han sido probadas a lo largo del tiempo. El activismo tiende a proponer ideas *nuevas,* con la intención de preservar la utópica posibilidad de una solución pura. Sin embargo, Petrini se dio cuenta de que cuando se trata de presentar una alternativa atractiva a la comida rápida es más inteligente sacarla de la cultura gastronómica tradicional, desarrollada por ensayo-error durante varias generaciones. En definitiva, el movimiento de la comida lenta no solo promueve las comidas más largas, también defiende ese estilo de alimentación en comunidad que a lo largo de muchos siglos ha sido lo habitual en los pueblos italianos. Y no solo defiende los ingredientes más frescos, sino que recomienda platos que tal vez cocinaran ya nuestras tatarabuelas. Petrini creía que las tradiciones que han sobrevivido al desafío de la evolución cultural tienen más probabilidades de atraer al público actual.

En su artículo de 2003, Pollan admite que al principio desconfiaba un poco del aspecto nostálgico del movimiento, y así lo explica: «Los seguidores de la comida lenta eran expertos en antigüedades, supuse, con tanto que aportar al debate gastronómico como lo que podrían aportar los aficionados a los coches de caballos a un coloquio sobre todoterrenos». Pero en cuanto conoció más el activismo innovador de Petrini su actitud cambió. El movimiento de la comida lenta no echaba la vista atrás para huir del presente, sino para hallar ideas que ayudaran a replantear el futuro. Pollan continúa retractándose de ese escepticismo inicial y admite que el movimiento hizo «una contribución esencial al debate sobre el ecologismo y la globalización».

Una vez aisladas, las dos grandes ideas de Petrini para desarrollar movimientos reformistas —centrarse en las alternativas a lo que funciona mal y extraer soluciones de tradiciones probadas— no se limitan a la comida, sino que pueden aplicarse a cualquier entorno en el que un progreso poco sistemático entre en conflicto con la experiencia humana. Esta afirmación la han corroborado los numerosos movimientos *slow* surgidos a raíz del éxito original de la *slow food*, orientados a otros aspectos de nuestra cultura también vinculados a la velocidad.

El periodista Carl Honoré documenta, en su libro de 2004 *Elogio de la lentitud*, que estos movimientos de la segunda ola incluyen, en primer lugar, el *slow cities* (ciudades lentas), que también se inició en Italia (donde se conoce como *cittaslow*) y está orientado a lograr ciudades más peatonales, que apoyen el comercio local y, en general, mejoren la calidad de vida de la población; también el movimiento *slow medicine* (medicina lenta), que promueve el cuidado integral de las personas y no centrarse solo en la enfermedad, y el *slow schooling* (escolarización lenta), que intenta librar a los estudiantes de primaria de las presiones de los exámenes y la competitividad. Más recientes son el movimiento *slow media* para promover alternativas más sostenibles y de mejor calidad al *clickbait* digital, y el *slow cinema*, que se utiliza cada vez más para describir películas realistas y casi siempre no narrativas, que prestan más atención a la condición humana. «El movimiento *slow* era considerado, al principio, adecuado para las pocas personas a quienes les gustaba comer y beber bien —explicó el alcalde de Bra, de donde era Petrini—. Pero ahora se ha convertido en un debate cultural mucho más amplio sobre los beneficios de hacer las cosas a un ritmo menos frenético y más humano».

Slow food, slow cities, slow medicine, slow schooling, slow media, slow cinema… Todos estos movimientos se basan en la estrategia radical, pero efectiva, de ofrecer a la gente una alternativa más lenta y sostenible al ajetreo que domina la sociedad actual; una alternativa extraída de la sabiduría probada a lo largo del tiempo. A medida que aprendía más sobre estas ideas en mi investigación sobre el trabajo del conocimiento, se me ocurrió que tal vez lo que necesitamos para combatir la inhumanidad del momento actual de sobrecarga profesional, lo que de verdad nos hace falta, más que el mero desprecio o nuevas medidas políticas, es una concepción más lenta de lo que significa actuar de forma productiva.

En busca de una alternativa mejor

Uno de los cambios más intrigantes del periodo posterior a la pandemia es la oportunidad que nos ha dado para revisar a fondo el funcionamiento del trabajo del conocimiento. La repentina generalización de las reuniones virtuales y las oficinas en casa en la primavera de 2020 sacudió al sector de su habitual autocomplacencia. Y, a medida que se disipaba la distracción de la emergencia sanitaria, más de un antiguo habitante de cubículos se quedó pensando en qué otros grandes cambios serían posibles.

Vemos mucho de esta nueva actitud en las discusiones que surgieron entre jefes y trabajadores por los planes de regreso a las oficinas. Cuando Tim Cook, de Apple, anunció en la primavera de 2022 que el personal tendría que volver al trabajo presencial en la sede de la empresa en Cupertino, al menos algunos días a la semana, la reacción de protesta fue rápida y contundente. «Deje de tratarnos como a escolares y de decirnos dónde estar en cada momento y qué deberes hacer», exigía un grupo de trabajadores denominado AppleTogether en una carta dirigida a Cook. En los meses siguientes y en respuesta a esta resistencia, Cook fue retrasando el plan de retorno a las oficinas. En el momento de escribir este capítulo ha pasado un año desde que hiciera aquel anuncio y la batalla continúa, esta vez con la amenaza de Cook de tomar represalias contra quienes se nieguen a regresar. Yo mismo señalé al respecto de esta cuestión en un artículo publicado en *The New Yorker*: «Estos frustrados trabajadores de Apple no solo están discutiendo sobre sus desplazamientos. Se encuentran a la vanguardia de un movimiento que aprovecha los trastornos ocasionados por la pandemia para cuestionar muchas otras suposiciones arbitrarias que han llegado a definir la forma de trabajar en la sociedad actual».

Este nuevo interés por las grandes transformaciones se refleja también en el cada vez mayor por implantar la semana laboral de cuatro días. En febrero de 2023, el Reino Unido publicó los resultados de un estudio piloto a gran escala en el que participaron más de 60 empresas, y que consistía en reducir la semana a cuatro días laborables. Según informó la *BBC*, los resultados fueron «muy positivos»; tanto es así que más del 90 % de las empresas participantes afirmaron que continuarían con este horario, al menos por ahora. En Estados Unidos, el congresista californiano Mark Takano propuso una ley para reducir la semana laboral de 40 a 32 horas, tal como establecía la Ley del Trabajo Justo. Aunque su proyecto de ley no ha salido adelante todavía, algunas empresas, como Lowe's y Kickstarter, ya están experimentando por su cuenta con estos horarios más reducidos.

Tal interés repentino por la experimentación en el lugar de trabajo es tanto bienvenido como necesario, ya que en el sector del conocimiento gran parte de nuestra forma de trabajar está anquilosada en tradiciones y convenciones, algunas de ellas arbitrarias y otras tomadas de sectores más antiguos. De todas formas, las propuestas presentadas hasta ahora son hasta cierto punto insuficientes. Es cierto que las medidas para mantener el teletrabajo o reducir la semana laboral ayudan a mitigar algunos de los peores efectos secundarios de la seudoproductividad, pero hacen poco por atajar la raíz del problema. Estas ideas equivaldrían a responder al aumento de la cultura de la comida rápida pidiendo a McDonald's que hiciera menús más nutritivos, lo cual ayudaría a mitigar algunos efectos sobre la salud de este tipo de comida, pero no cambiaría la cultura que nos lleva a comer de forma apresurada.

En cambio, tal y como Carlo Petrini nos mostró, una respuesta mejor a la crisis de burnout a la que se enfrentan los trabajadores del conocimiento sería ofrecer una alternativa atractiva. Esto exige ir más allá de la definición estricta de seudoproductividad para incluir una visión nueva del concepto de productividad. El problema es concretar los detalles de esta alternativa, y aquí entra en juego la segunda idea de Petrini: sacarla de otras ideas ya existentes y probadas a lo largo del tiempo. Es decir, si pensamos que el trabajo del conocimiento se reduce a sentarse en un despacho y teclear en un ordenador, es casi imposible hallar sabiduría tradicional útil para una actividad sin duda muy moderna. No, para progresar dentro del marco de lentitud de Petrini consideremos la siguiente fórmula más amplia:

TRABAJO DEL CONOCIMIENTO
(DEFINICIÓN GENERAL)

Es la actividad económica en la que el conocimiento se transforma, mediante la realización de un esfuerzo cognitivo, en algo que tiene valor en el mercado.

Esta definición incluye a todo tipo de trabajadores «de oficina», como programadores informáticos, comerciales, contables, ejecutivos, etc., pero también a muchos otros profesionales del conocimiento que existen desde bastante antes de que se inventaran los despachos y los edificios de oficinas. Es decir, según esta definición los escritores son trabajadores del conocimiento, como también lo son las personas que se dedican a la filosofía, a la investigación científica, a la creación musical, a escribir guiones y, en general, a cualquier actividad artística. Estas profesiones, consideradas más cognitivas, suelen ser más raras que las que se llevan a cabo en un despacho. Los profesionales de la música y de la ciencia, por ejemplo, tienen más flexibilidad para diseñar su vida laboral que el director de recursos humanos de una empresa. Por lo tanto, es fácil rechazar estos estudios de caso con un despectivo guiño a su situación de privilegio. (Me imagino ahora un tuit diciendo: «¡Debe de ser genial que Lorenzo de Médici te pague las facturas!»). Si bien es una respuesta satisfactoria, no es útil si tenemos en cuenta que nuestros objetivos son más amplios. Son precisamente estas raras libertades las que hacen que los trabajadores del conocimiento tradicionales sean interesantes para nuestro proyecto, ya que les proporcionan el tiempo y el espacio necesarios para experimentar y averiguar qué funciona mejor con el fin de crear cosas valiosas de forma sostenible con ayuda del cerebro humano. *Es evidente* que la mayoría no podemos tener una jornada de trabajo como las de John McPhee, por ejemplo; lo que buscamos no es un modelo exacto a seguir, sino ideas generales, exportables de este «territorio exótico» a las restricciones más pragmáticas del sector del conocimiento en el siglo XXI. Tal vez yo no pueda pasarme dos semanas enteras sentado a una mesa de pícnic en el jardín de mi casa, pero hay una idea clave en esta historia, y es la importancia de bajar el ritmo para abordar un proyecto difícil. Si somos capaces de superar la frustración que nos genera el que esos trabajadores del conocimiento tradicionales tuvieran unos privilegios que ahora no tenemos, entonces podremos extraer de su experiencia las bases para una idea de la productividad que haga nuestros trabajos más controlables.

Al buscar estos hábitos profesionales más lentos, al estilo McPhee, entre los trabajadores del conocimiento tradicionales, encontramos una variedad de ejemplos. Pensemos en Isaac Newton, que analizaba los detalles del cálculo en la campiña, al norte de la Universidad de Cambridge; o en la escultora Anna Rubincam, que documentó en un vídeo muy bien editado, y publicado en Internet, cómo desarrolla su labor artística en un estudio del sur de Londres abierto a un tranquilo patio arbolado. (El lector que me envió este vídeo lo tituló «Epítome del trabajo profundo», y estoy de acuerdo). Tengo una curiosa afición que me resulta muy entretenida: consiste en descubrir los extraños lugares en los que famosos novelistas se han retirado a escribir. Más adelante explicaré que, por ejemplo, el autor de *Jaws*, Peter Benchley, creó su clásico thriller en la trastienda de una tienda de reparación de calderas, y que Maya Angelou garabateaba en sus blocs de notas con los codos apoyados en camas de hoteles.

A principios de 2022, estaba por fin listo para reunir mis ideas sobre cómo aplicar la estructura del movimiento *slow* de Carlo Petrini a los problemas generados por la seudoproductividad. Fue en un artículo que publiqué por esa época cuando le di un nombre definitivo a mi filosofía emergente; un título natural, dadas mis fuentes de inspiración, que he utilizado desde entonces: la *slow productivity*.

Una nueva filosofía

La segunda parte de este libro está dedicada a la filosofía de la *slow productivity*, una estructura alternativa que los trabajadores del conocimiento pueden poner en práctica para organizar y ejecutar sus tareas de una manera más relajada y evitando las pesadas cargas que genera la seudoproductividad. Mi objetivo es ofrecer una forma más humana y sostenible de integrar la actividad profesional en una vida de calidad. En otras palabras, adoptar la *slow productivity* supone reorientar tu trabajo para que sea una fuente de significado en vez de un agobio, pero conservando la capacidad para producir resultados valiosos.

Si queremos entender mejor lo que implica esto tenemos que volver a la definición formal que ofrecí en la introducción:

SLOW PRODUCTIVITY

Filosofía para organizar las actividades propias del trabajo del conocimiento de una manera sostenible y significativa, basada en los tres principios siguientes:

1. *Hacer menos cosas.*
2. *Trabajar a un ritmo natural.*
3. *Obsesionarse por la calidad y la excelencia.*

En el centro de esta perspectiva hay tres principios fundamentales. La segunda parte del libro está dividida en tres capítulos, uno para cada principio. Empiezo esos capítulos ofreciendo una recomendación y justificando por qué dicho principio es fundamental para lograr una vida laboral más sostenible. Estas justificaciones van seguidas de una serie de *propuestas*, ideas concretas para aplicar ese principio a las ajetreadas realidades de cada tipo de trabajo del conocimiento. Ahí encontrarás consejos y estrategias específicos para adaptarlos a tus necesidades. Cada capítulo incluye también un *paréntesis* en el que se presenta un comentario y una crítica para reflexionar sobre las ideas expuestas. He incluido esta parte para subrayar que estas ideas son nuevas y complejas, y que no todo el mundo las asimilará de la misma manera. Mi esperanza es que aportes tus experiencias a estas propuestas, lo que te permitirá elaborar tu propio catálogo de ideas y conclusiones en respuesta a ellas.

Fiel a la visión de Carlo Petrini, la segunda parte del libro está repleta de relatos y ejemplos extraídos de la vida de trabajadores del conocimiento tradicionales, de una variedad de sectores y épocas. Conocerás, por ejemplo, el caso de Jane Austen, Ben Franklin y Galileo, además del de otras figuras más contemporáneas, como Georgia O'Keeffe, Lin-Manuel Miranda y Mary Oliver. Utilizaré estas historias como fuente de ideas que luego puliré para dar lugar a consejos más prácticos, adaptados a la realidad del mundo laboral actual. Pero vale la pena destacar que la mentalidad y el estado de ánimo que transmiten en general estos relatos son también de gran valor por sí solos. Siguiendo el ejemplo de Petrini, estoy convencido de que una de las mejores maneras de introducirte en el «perdido arte de rendir sin burnout» es sumergirte en el ambiente de quienes han construido su vida con éxito en torno a este objetivo.

Antes de abordar el tema en cuestión, me gustaría decirte que la *slow productivity* no te pide abandonar tu ambición. Los seres humanos obtenemos una gran satisfacción al hacer bien las cosas y al obtener resultados útiles. Esta filosofía puede entenderse más bien como un camino más sostenible hacia la consecución de tales objetivos. Pocas personas saben, por ejemplo, cuánto tardó Newton en desarrollar todas las ideas que contiene su obra maestra *Principia* (y fueron más de 20 años); solo saben que la publicación de ese libro cambió la ciencia para siempre. Hoy en día, el valor de sus ideas sigue vigente, pero se ha olvidado el ritmo relajado con el que fueron surgiendo. En definitiva, la *slow productivity* favorece los logros que perduran, pero los deja desarrollarse a un ritmo más humano.

Si bien este libro trata sobre la productividad del trabajo del conocimiento en general, es cierto que en particular se dirige a toda aquella persona que cuente con un grado razonable de autonomía en su actividad laboral. Esto incluye, por supuesto, a los autónomos, emprendedores y líderes de pequeñas empresas. La presencia de la seudoproductividad en estos ámbitos no se debe a las exigencias de un superior, sino que es una especie de autoimposición, lo cual genera un gran potencial para la experimentación individual. Mi imaginaria audiencia incluye también a quienes trabajan en grandes empresas, pero siguen gozando de cierta libertad para hacer su trabajo. Yo mismo, como profesor, entro en esta última categoría, como también un diseñador de producto de quien se espera que desaparezca hasta estar listo para aportar una nueva idea al equipo, o alguien que trabaja desde casa y a quien se hace seguimiento con un nivel de detalle aproximado.

En cambio, a quienes trabajan en una oficina y bajo estricta supervisión les costará bastante aplicar las estrategias que propongo.

También a las personas con trabajos muy estructurados, como el personal médico que ha de cumplir un horario de visitas, o quienes empiezan a practicar la abogacía y se les evalúa sobre todo por su acumulación de horas facturables. Esto no quiere decir que la *slow productivity* no pueda trasformar también algún día estas excepciones del trabajo del conocimiento (en este sentido, te recomiendo ver mi comentario, en la conclusión del libro, sobre mi visión más general para el futuro de este movimiento); pero cualquier revolución necesita un punto de partida, y para algo tan trascendental como replantearse el concepto de productividad tiene sentido centrarse primero en quienes tienen la posibilidad de experimentar con su propio trabajo.

Empezamos, pues, con estos objetivos y advertencias en mente.

Parte 2

PRINCIPIOS

3 | HAZ MENOS COSAS

El primer principio de la slow productivity

A finales de octubre de 1811, un periódico londinense anunciaba «una nueva novela escrita por una señorita». El nombre de la autora no figuraba en el anuncio, pero en el que saldría un mes más tarde se la identificaba como «Lady A». Se trataba de *Sentido y sensibilidad*, y la autora oculta bajo ese seudónimo era, por supuesto, Jane Austen. Ella se había pasado más de una década trabajando en una serie de manuscritos que fue puliendo hasta darles una impresionante forma final. *Sentido y sensibilidad* constituyó el inicio de una excelente racha de cinco años de publicaciones, algo nunca visto en la historia de la literatura moderna; a esta novela la siguieron *Orgullo y prejuicio*, *Mansfield Park* y, por último, *Emma* en 1815. Dos años después, Jane falleció a los 41 años.

Se dice que la productividad de Austen se debía a que dominaba el arte de escribir en secreto, y que garabateaba su prosa a ráfagas entre las muchas obligaciones distractoras de su posición social. Esta idea viene de su sobrino James, quien en 1869 —más de 50 años después de la muerte de Austen— publicó una biografía victoriana de su tía que contribuyó a difundir sus obras entre un público más amplio. En el capítulo 6 de estas memorias, James ofrece la siguiente memorable descripción:

> Es sorprendente cómo pudo hacer tanto trabajo teniendo en cuenta que no tenía un estudio donde retirarse a escribir y que gran parte de sus escritos los redactó en el salón de la casa, estando sujeta a todo tipo de interrupciones. Ponía mucho cuidado en que nadie supiera de su ocupación; ni sirvientes, ni visitantes ni nadie que no fuera de su familia. Escribía en pequeñas hojas de papel que pudiera guardar con facilidad o cubrir con una hoja de papel secante. Se cuenta que había una puerta chirriante en el salón que Austen solicitó que no fuera reparada, pues le avisaba de la llegada de cualquier visitante.

Esta historia de mujer aspirante a dama, pero frustrada, que ejerce su oficio a escondidas, podría haber salido precisamente de una de las novelas de Austen. No es de extrañar que, dada esta agradable similitud, el mito se mantuviera y se repitiera en relatos más recientes, como el maravilloso libro de Mason Currey *Daily Rituals,* publicado en 2013, así como en otros que intentan comprender el mundo de Austen. «A Jane Austen le encantaba que la puerta chirriara porque así podía esconder su manuscrito antes de que alguien entrara», repite Virginia Woolf en su libro de 1929 *Una habitación propia.*

Esta historia nos puede servir para muchos propósitos. Woolf, por ejemplo, la utiliza como parte de una discusión sobre los roles de género y la autonomía intelectual. Otros relatos menos sofisticados la presentan como un breviario sobre cómo no abandonar tus sueños. Pero, volviendo al tema de la productividad, el retrato que James hace de su tía se vuelve de repente inquietante, ya que parece respaldar un modelo de producción en el que para tener mejores resultados has de exprimirte cada vez más y meter más trabajo en tu agenda. Viene a decir que el obstáculo entre tú y tu propio *Sentido y sensibilidad* es la voluntad de producir más. Austen aprovechaba cualquier mínimo espacio entre sus interminables actos sociales para escribir en pedacitos de papel en el salón de su casa, así que ¿por qué no puedes tú levantarte a las 5 de la mañana o aprovechar la hora de comer para producir más?

Pero un análisis más detallado sobre la vida de Austen revela divergencias respecto al relato de su sobrino. Las biografías más recientes, basadas sobre todo en otras fuentes primarias, demuestran que la verdadera Jane Austen no era un ejemplo de actividad frenética, sino una muestra valiosísima de algo bastante diferente: un enfoque más lento de la productividad.

Jane Austen se crio a finales del siglo XVIII en Inglaterra, en la pequeña localidad de Steventon, Hampshire; aquello era una pequeña granja con vacas y aves de corral. Su familia hacía pan y elaboraba su propia cerveza. En verano, los hijos tenían que rastrillar el heno y hacer mermelada; en otoño, ayudaban a cosechar. Cuando Austen era todavía muy joven, su padre, que era el párroco local, convirtió la casa parroquial en la que vivían en una improvisada escuela, de modo que a los quehaceres diarios se añadieron las exigencias del cuidado y la alimentación de media docena de niños.

Esto no quiere decir que la familia Austen fuera de clase obrera. Como dice Claire Tomalin en su biografía de 1997, *Jane Austen: una vida*, habitaban en un mundo social de «seudoburguesía», compuesto por «familias que aspiraban a vivir según los valores de la alta burguesía, pero sin poseer tierras ni riquezas heredadas». En cualquier caso, está claro que Austen no se crio como un personaje de sus libros, pasando los días en un salón bien decorado y charlando con las visitas mientras sus sirvientes preparaban deliciosos manjares. No, ella tuvo que trabajar. Así, a pesar de ser una lectora voraz y de que, animada por su padre, empezó a hacer sus pinitos en la escritura desde muy joven, estaba demasiado ocupada con los quehaceres cotidianos que implicaba llevar una granja, una casa y una escuela como para adentrarse en serio en el oficio de escritora.

Pero esto cambió en el verano de 1796, cuando su padre decidió cerrar su pequeña escuela casera. «[Esto les liberó de] todo lo que era planificar y preparar las comidas, hacer la colada, limpiar y hacer las camas», señala Tomalin. Y con sus obligaciones reducidas de repente, Austen entró en un periodo de productividad «extraordinaria». Trabajando en un despacho que había en el piso superior y leyendo los borradores a su familia por las tardes, produjo las primeras versiones de lo que serían sus tres principales novelas. Como afirma Tomalin, fue la capacidad de Austen de «abstraerse de la vida cotidiana» lo que le permitió encontrar su voz literaria.

En 1800, este periodo de obligaciones reducidas se terminó de repente cuando sus padres decidieron, sin razón aparente, cerrar la casa de Steventon y trasladarse a Bath. En la década siguiente, Austen estuvo en movimiento constante, de una casa a otra, asumiendo cada vez más responsabilidades mientras se enfrentaba a la enfermedad y muerte de su padre. Por tanto, privada de la capacidad de establecer su «ritmo de trabajo», como lo describe Tomalin, dejó de escribir.

El mundo se habría quedado sin disfrutar del talento de esta autora de no haber sido por una fatídica decisión tomada en 1809 y que favorecería las condiciones para que regresara a su productividad. Cansada de la turbulenta década anterior, Jane, junto con su madre, su hermana Cassandra y una amiga de la familia, Martha Lloyd, se mudó a una casita en Chawton. Estaba formaba parte de una gran finca, propiedad de su hermano Edward, que la había heredado de unos familiares lejanos que nunca tuvieron hijos.

Fue entonces cuando su familia, agotada por las complicaciones y pruebas de los años previos, decidió «ausentarse» de la escena social de Chawton. No fue una decisión tomada a la ligera: el hecho de que el hermano de Jane fuera el terrateniente del pueblo y viviera a escasos kilómetros de ellas implicaba que las oportunidades para una vida social muy activa fueran abundantes. Pero a ellas no les interesaba. «No había bailes y apenas cenas —escribe Tomalin—, y permanecían casi todo el día retiradas en sus actividades privadas». La madre de Austen, que rondaba los 70 años, se dedicaba a cuidar el jardín vestida de jornalero, toda una diversión para los lugareños.

Igual de importante fue el acuerdo tácito al que llegaron: la más joven de las Austen estaría exenta de las labores domésticas. Más allá de preparar el desayuno de la familia, no tenía más obligación que escribir. «En este sentido, podemos decir que tuvo el privilegio de quedar libre del trabajo doméstico mientras vivió con Cass y Martha», explica Tomalin.

Así pues, retirada del mundo en su casita de Chawton y liberada, de una forma casi milagrosa, de la mayoría de las responsabilidades domésticas y sociales, Austen —por primera vez en una década— volvía a tener un espacio real y significativo para pensar y trabajar con creatividad. Y fue allí, sentada frente a un modesto escritorio y delante de una ventana que daba a la calle, donde terminó los manuscritos de *Sentido y sensibilidad* y *Orgullo y prejuicio,* antes de empezar *Mansfield Park* y *Emma.*

El sobrino de Austen tal vez haya popularizado la historia de una Jane Austen saturada de trabajo, pero recatada y correcta en su salón, trabajando a rachas frenéticas cuando sus incesantes distracciones se lo permitían, pero la realidad de sus maravillosos años en Chawton fue bien distinta.* Lejos de exaltar una actividad frenética, furtiva y disciplinada, la historia de Austen (si se cuenta bien) parece traslucir justo lo contrario. Ella *no* fue capaz de escribir nada nuevo en los periodos más activos de su vida; fue solo cuando se vio liberada de sus obligaciones que pudo terminar, por fin, su mejor obra.

Esta idea de que hacer menos produce mejores resultados desafía nuestra tendencia actual a la actividad, basada en la creencia de que haciendo más tendremos más oportunidades de recompensa. Pero

---

* Un interesante paralelismo con el mito de la productividad de Jane Austen es el caso de J. R. R. Tolkien. Según Raymond Edwards, biógrafo suyo, se creía que Tolkien escribió las primeras historias para *El libro de los cuentos perdidos* —su primer acercamiento a las mitologías que darían lugar a sus famosas fantasías— bajo el fuego enemigo en las infernales trincheras del batallón al que estaba destinado en la Primera Guerra Mundial. En palabras de Edwards, más tarde el propio Tolkien «señalaría la pura imposibilidad del trabajo literario en esas condiciones», calificando esta afirmación de «burla». La realidad es que Tolkien empezó a escribir sus *Cuentos perdidos* durante su convalecencia de la denominada «fiebre de las trincheras» en un hospital británico, una circunstancia que, al igual que a Austen en Chawton, le permitió disponer de mucho tiempo libre para escribir. Raymond Edwards, *Tolkien* (Ramsbury, UK: The Crowood Press, 2022), 96.

recuerda que la ocupada Jane Austen no fue feliz ni produjo nada memorable, mientras que la desahogada Jane Austen, escribiendo en una tranquila casita en Chawton, transformó por completo la literatura inglesa. De hecho, simplificar es tan básico para nuestra filosofía emergente que lo consagraré aquí como el primer principio oficial de la *slow productivity*:

PRIMER PRINCIPIO: HAZ MENOS COSAS

Intenta reducir tus obligaciones al máximo para tener tiempo libre. Aprovecha este aligeramiento de la carga para dedicarte a los pequeños proyectos que de verdad importan.

Está claro que esta recomendación es más fácil de explicar que de llevar a la práctica. Y es que en el contexto de la vida profesional la hiperactividad parece casi inevitable. La clientela exige atención y la directiva de tu empresa te ahoga a peticiones. Incluso si eres autónomo y tienes el control total de tu tiempo, la necesidad de obtener ingresos puede arruinar tu intención de reducir tu carga de trabajo. Las largas sesiones de Jane Austen en su escritorio en la casita de Chawton son como un espejismo para el trabajador del conocimiento que se enfrenta a una bandeja de entrada repleta de mensajes.

Pero mi objetivo en este capítulo es convencerte de que no dejes de aspirar a esta idea de la simplicidad. Porque *es* posible en la mayoría de los entornos laborales actuales, siempre que tengas disposición a la creatividad, e incluso, en ocasiones, a ser radical en la manera de organizar y seleccionar tu trabajo. En las siguientes páginas explicaré mi propio caso para que se entienda por qué comprometerse con la simplicidad puede ser beneficioso (y factible) en el trabajo del conocimiento actual como lo fue para escribir ficción en la época victoriana de Austen. Luego ofreceré algunas tácticas para poner en práctica este primer principio de la *slow productivity*.

De la casita de Chawton al cubículo; o ¿por qué los trabajadores del conocimiento deberían hacer menos cosas?

En la primavera de 2021, Jonathan Frostick, director de programas de la *HSBC*, sufrió un infarto mientras trabajaba en casa. Lo sabemos porque él mismo puso en LinkedIn una foto suya en la cama del hospital, adjuntando una lista de seis cosas que haría para cambiar su vida si sobrevivía. El post se hizo viral, generando cerca de 300.000 comentarios y atrayendo la atención de los medios internacionales.

El incidente de Frostick me llamó la atención en particular por el primer propósito de su lista: «No pienso seguir pasándome el día en el Zoom». Más tarde contó en una entrevista con *Bloomberg* que, durante el primer año de la pandemia, dedicó cada vez más tiempo a las videollamadas. Debido a eso, su jornada laboral se había ido alargando poco a poco. «Antes de la pandemia solía terminar de trabajar entre las 17 y las 18:30, pero ahora terminaba hacia las 20 h, agotado, pensando que tenía que preparar algo para el lunes y que no había tenido tiempo —confesó—. De hecho, tuve que empezar a trabajar los fines de semana». Pero Frostick no fue el único en sentirse abrumado por su horario durante la pandemia. Un informe sobre tendencias laborales publicado por Microsoft reveló que el tiempo que los trabajadores pasaban en reuniones se multiplicó por 2,5 en el primer año de esta; también la cantidad de mensajes y correos electrónicos recibidos había aumentado mucho. El informe acaba diciendo: «La intensidad digital de las jornadas laborales se ha incrementado de una manera considerable».

Está claro que la mayoría de los trabajadores del conocimiento no necesita estadísticas para convencerse de una tendencia que está, de hecho, experimentando. Entre 2020 y 2021, mis lectores comenzaron a quejarse de que perdían casi todo el día en reuniones virtuales, y que entre reunión y reunión había hiperactivas charlas por Slack. Las noticias eran tan alarmantes que empecé a referirme a este periodo como «el apocalipsis del Zoom». Con esto quiero decir que no es sorprendente que Jonathan Frostick sufriera un infarto y que su primer propósito al recuperarse fuera huir del infierno de las videollamadas. Pero lo que de verdad nos ha de preocupar es saber cómo hemos llegado a esto.

En el trabajo del conocimiento, cuando te comprometes con un nuevo proyecto —sea una tarea menor o una de gran envergadura— lo normal es que conlleve una determinada cantidad de labores administrativas recurrentes: intercambio de correos electrónicos para recabar información o reuniones de equipo. Este *daño colateral* se activa en cuanto aceptas una nueva responsabilidad. A medida que crece tu lista de tareas pendientes, aumenta también ese daño colateral que estás sufriendo. Y, puesto que el día tiene un número de horas fijo, estas tareas administrativas van quitándote cada vez más tiempo de tu trabajo principal, ralentizando así el ritmo de consecución de tus objetivos.

Cuando la carga de trabajo es moderada, este efecto puede ser desalentador, ya que sientes que tardas más de lo debido en cumplir con tu trabajo. Luego, a medida que aumenta dicha carga, el daño colateral llegará a un punto a partir del cual esos esfuerzos logísticos se comerán una parte tan grande de tu agenda que serás incapaz de terminar las tareas pendientes con la rapidez suficiente para asumir las nuevas. Esta espiral de *feedback* puede llegar a descontrolarse muy rápido, haciendo que tu carga de trabajo aumente sin cesar hasta que te veas perdiendo el día en tareas secundarias: una reunión tras otra con un zumbido de fondo del correo electrónico y los chats. Al final, la única solución para evitar el colapso de la producción útil es hacer el trabajo relevante fuera del horario laboral: por la noche y a primera hora de la mañana, o el fin de semana. Tu sensación es que tienes más ocupaciones que nunca, pero no consigues acabar nada.

Esta dinámica explica el apocalipsis del Zoom. Para entender el porqué veamos qué cambió para los trabajadores del conocimiento (como Jonathan Frostick) con la llegada de la pandemia. Esta emergencia sanitaria afectó a cada sector económico de manera diferente. En el trabajo del conocimiento, el cambio principal fue el del teletrabajo, que generó la necesidad repentina de desarrollar nuevas tareas centradas en ajustar el trabajo para funcionar desde casa. Yo mismo, como profesor de universidad, tuve que hallar la manera de dar mis clases en formato online. Para ello me compré una *tablet* barata y un lápiz electrónico con el que dibujar en una pizarra virtual que compartía con mis alumnos por Zoom. Pero esta tecnología resultó algo deficiente, así que terminé usando varias aplicaciones basadas en Apple Pencil, hasta que di con algo que me funcionara. Me vi obligado también a aprender a usar el programa de gestión de cursos Canvas para los envíos electrónicos de las tareas. Cada una de estas actividades, por sí sola, no era difícil, pero llegaron todas a la vez, de forma inesperada y acompañadas de una sensación de urgencia. Muchos otros trabajadores del conocimiento tuvieron una experiencia similar: la pandemia no los ahogó en nuevos trabajos, pero era como si de repente se hubiera multiplicado la cantidad de daños colaterales que sufrían.

Además, el paso al teletrabajo hizo menos eficiente la colaboración, al incrementar el tiempo necesario para satisfacer sus exigencias. Cuando trabajamos en el mismo edificio y tengo que hacerte una pregunta sobre un proyecto, espero hasta ver que tu puerta está abierta y paso a hablar contigo cinco minutos. Por el contrario, si estoy trabajando desde casa tendré que programar una reunión por Zoom, para la cual —debido al formato de la mayoría de los calendarios digitales— es probable que deba reservar al menos media hora. «Cuando teletrabajamos, este tipo de coordinación *ad hoc* se vuelve más difícil de organizar —señalé en un artículo de 2020 sobre los costes del teletrabajo—, y las decisiones se demoran».

En mi caso, el incremento de esos daños colaterales fue moderado. (Tuve que aprender a usar una nueva tecnología para impartir mis clases, pero no crear nuevos cursos desde cero, por ejemplo). Y, sin embargo, ese cambio fue suficiente para que mucha gente, como Jonathan Frostick, sobrepasara el punto de inflexión y entrara en una espiral de sobrecarga logística que la consumía por completo; esto marcó los peores momentos del apocalipsis del Zoom. Esta observación no solo es importante por lo que nos dice sobre nuestro trabajo durante la pandemia, sino también *justo antes* de que surgieran estas disrupciones. Cuando surgió la obligación de teletrabajar en la primavera de 2020, gran parte de los trabajadores del conocimiento ya habían sufrido daños colaterales hasta el umbral del punto de inflexión, es decir, habían alcanzado el máximo de tareas administrativas que les permitía más o menos mantenerse al día. Así pues, no necesitaron más que un último empujón —inesperado, además— para desestabilizar del todo su vida profesional. Luego, cuando la emergencia sanitaria se aplacó y pudimos huir del apocalipsis del Zoom, mucha gente parecía haber caído de nuevo en la misma peligrosa situación, incapaz de hacer lo suficiente y temiendo estar a una exigencia o emergencia más de volver a perder el control.

No hay que ser un experto para concluir que este «juego de la gallina» del punto de inflexión de los daños colaterales es una manera bastante disparatada de organizar la vida profesional. Para concretar más, veamos algunos simples datos. Imagínate que elaboras los informes que luego tu empresa vende. Imagínate también que cada informe te lleva 7 horas de trabajo intenso al día y genera una hora al día de daños colaterales (correos electrónicos, reuniones, carga mental, etc.).* En este caso, si te comprometes a elaborar un solo informe cada vez, dedicándole toda tu atención hasta haberlo completado, podrás hacer uno al día (suponiendo que trabajes 8 horas diarias). Pero si aceptas elaborar cuatro informes a la vez, los daños colaterales asociados a mantener los cuatro en tu lista de tareas consumirán la mitad de tu jornada solo en problemas logísticos, duplicando así el tiempo requerido para completar un único informe. En este ejemplo, haciendo menos cosas acabas produciendo más resultados.

La ventaja de hacer menos cosas, pues, no solo es aumentar el número bruto de horas dedicadas a una actividad útil, sino también la *calidad* de estas horas. Cuando te enfrentas a un proyecto sin la necesidad imperiosa de apagar muchos fuegos disfrutas de una profunda sensación de experimentación y posibilidad. Tal vez desarrolles una estrategia más inteligente, idees un algoritmo o des con una campaña publicitaria que no se te habría ocurrido si tu atención hubiera estado más fragmentada. Existen aburridas explicaciones psicológicas y neurológicas de este efecto, como que el cortisol constriñe la mente cuando tu agenda se llena de forma poco realista, o que se requiere cierto tiempo para establecer conexiones entre neuronas. Pero no necesitamos que la ciencia nos convenza de algo que ya hemos experimentado, y es que el cerebro trabaja mejor sin prisa.

Acabamos de refutar una confusión típica sobre este primer principio de la *slow productivity*: es fácil confundir «hacer menos cosas»

---

* Un rasgo fundamental del daño colateral es que tiende a expandirse todo el tiempo que se le haya adjudicado. Si te has comprometido con un proyecto y todavía no lo has completado, este tenderá a generar un «daño» continuado en forma de reuniones, conversaciones por correo electrónico improvisadas y carga mental.

con «lograr menos cosas», pero la interpretación es justo la opuesta. Tanto si tu lista de tareas es enorme como si es reducida, tú sigues trabajando más o menos el mismo número de horas cada semana. Es decir, el tamaño de tu lista afecta solo a la eficacia con la que esas horas producen resultados. Y aquí hallamos el primer argumento para justificar por qué hacer menos es tan importante para los trabajadores del conocimiento actuales como lo era para Jane Austen. No es solo porque la carga de trabajo sea agotadora e insostenible, además de una manera miserable de existir —que sin duda lo es—, sino porque hacer menos nos permite mejorar en nuestro trabajo, y no solo desde el punto de vista psicológico, sino también económico y creativo. En resumen, centrarse a fondo en un número de tareas reducido, esperando a terminar cada una antes de empezar otra, es una forma mucho mejor de utilizar el cerebro para producir resultados valiosos.

Pero ¿es posible hoy en día tener una carga de trabajo escasa? Gran parte de la cultura del trabajo del conocimiento parece tan forjada en torno a hacer malabarismos con una carga cada vez mayor y con más «eficacia» que la idea de hacer menos, aunque sea lógica en teoría, parece un objetivo imposible de cumplir en la práctica. Así que antes de empezar a hablar de las estrategias específicas para aplicar este principio hay que tener claro que es una posibilidad que muchos trabajos de hoy en día ni siquiera permitirán.

Después de conocer la historia de Jonathan Frostick y la tendencia al apocalipsis del Zoom me quedé pensando en el misterio clave de estos acontecimientos: ¿cómo es que tantas personas que se dedican al sector del conocimiento acaban con una carga de trabajo tal que sobrepasa el punto de inflexión de los daños colaterales? Uno podría imaginarse un escenario alternativo en el que la mayoría se sitúa lejos de ese umbral y, por lo tanto, es capaz de asumir nuevos compromisos inesperados; o el escenario opuesto, en el que los trabajadores están siempre sobrepasando ese umbral y acaban quemados, con un burnout al estilo Frostick. Pero esto no es lo que observamos. La mayoría de la gente que goza de cierto control sobre sus esfuerzos —como los trabajadores del conocimiento, los pequeños empresarios o los autónomos— tiende a evitar asumir una carga de trabajo excesiva que les haga acabar estallando o quemándose, pero también tiende a evitar una cantidad razonable de trabajo. Digamos que estas personas se mantienen en ese punto de «máximos daños colaterales sostenibles», que parece ser la peor de todas las configuraciones, ya que mantiene la angustia de tener mucho trabajo por hacer, pero al mismo tiempo permite que esta angustia sea lo bastante manejable para no plantearse hacer cambios.

La mayoría de los debates sobre el tema que encontré asumían las ideas de la teoría de conflictos tradicional, que sostiene que nos motiva trabajar en exceso porque una entidad explotadora —que puede ser el líder o dueño de la empresa— intenta extraer el máximo valor posible de nuestro trabajo. Sin embargo, estas estructuras, que se originaron en el contexto estrictamente controlado de la fabricación industrial, y más tarde se expandieron para incluir al sector de servicios por horas, es difícil de aplicar a la situación de semiautonomía y ambigüedad del trabajo del conocimiento. Si te ganas la vida frente a la pantalla de un ordenador, tus tareas no tiene por qué asignártelas alguien que te supervisa, cronómetro en mano, para alcanzar un objetivo de producción a toda costa; más bien te llegan de todas direcciones y de una manera más aleatoria (de colegas, del departamento de Recursos Humanos, de clientes, etc.). Además, como acabamos de decir, la dinámica del trabajo cognitivo es diferente a la del trabajo físico. En una fábrica, motivar al personal para que haga turnos más largos puede resultar más rentable, pero en el sector del conocimiento darle más carga de trabajo reducirá tanto la calidad como la cantidad de lo que producen. Si nuestra carga de trabajo estuviera por completo determinada por un equipo directivo todopoderoso que buscara maximizar los beneficios, podríamos esperar (por paradójico que suene al principio) tener *menos* en nuestros platos.

Es la aceptación de esta naturaleza incontrolada del trabajo del conocimiento lo que ofrece una solución al misterio: la autorregulación. ¿Cómo deciden los trabajadores del conocimiento cuándo decir que no al constante bombardeo de peticiones? En el contexto laboral actual, tienden a confiar en el estrés como táctica de control. En este sentido, si rechazas una invitación a una reunión por Zoom estás incurriendo en un coste de capital social, porque ocasionas un daño moderado a un colega y das a entender que cooperas poco. Pero si tu carga de trabajo te estresa mucho, este coste puede ser aceptable: sabes que estás a punto de llegar al límite y eso te da una especie de «cobertura psicológica» para rechazar la reunión. En otras palabras, necesitas experimentar un agotamiento lo bastante intenso para justificar el daño que este rechazo puede generar en la otra parte.

Es evidente que el problema de confiar en el indicador del estrés es que no empiezas a rechazar tareas hasta que te sitúas al borde de una carga de trabajo insostenible. Es decir, te asegura que permanecerás siempre en ese espacio limítrofe y agotador que roza el punto de inflexión del daño colateral. Esto es lo que provoca que tantos trabajadores del conocimiento se sientan siempre al límite de la saturación, y lo que nos hace tan vulnerables al agotamiento cuando nos presionan las alteraciones inesperadas; y es que esa manera informal de gestionar nuestra carga de trabajo nos lleva al riesgo de tener siempre muchas cosas que hacer.

Esta visión es una buena noticia para nuestra misión de implementar el primer principio de la *slow productivity*. Si la fuente de sobrecarga es, de alguna manera, un efecto secundario de nuestra forma idiosincrática de gestionar las obligaciones, entonces podemos esperar que haya opciones mejores. De hecho, en el estudio que he llevado a cabo para este libro he encontrado muchos ejemplos de trabajadores del conocimiento en puestos agobiantes que han descubierto que es posible hacer menos cosas en su vida profesional y, además, han acabado siendo más felices y mejores en el trabajo.

Por ejemplo, Laura, que es coach, comentó que había simplificado su trabajo limitando los servicios que oferta a unos pocos que para ella son los más importantes. «Desde que lo decidí —me dijo— noto la mente más relajada, la calidad de mis interacciones es más fuerte y la de mi trabajo es mejor». Como resultado de esta mayor calidad, ahora gana lo mismo, pero trabajando menos horas. Como dice Laura, el objetivo inicial de trabajar menos era hallar el equilibrio con otras áreas de su vida. Así que el hecho de acabar ganando el mismo dinero fue una grata sorpresa.

Jason, profesor de Derecho, me contó una historia similar sobre los beneficios de su decisión de «reducir el foco». Un año antes había pausado su «ritmo frenético» como escritor de artículos en prensa para concentrarse en un único e importante caso para el que fue contratado como especialista. «El foco y la atención que ponía en mis informes y la preparación necesaria para resistir declaraciones y contrainterrogatorios hostiles me han ayudado a producir el mejor trabajo de mi carrera por ahora —afirmó—. Había hecho algunas presentaciones académicas previas sobre el tema y nunca había recibido una respuesta tan impresionante a mi trabajo». La carrera de Jason, en otras palabras, ha dado un enorme salto al decidir no aumentar su lista de tareas.

Aurelia, que es profesora, estaba harta de la sobrecarga de trabajo que supone la educación de adolescentes, así que adoptó la siguiente norma: «No haré ningún trabajo más que no sea retribuido y que no sea propio de mi puesto». Y no pasó nada malo por poner este límite. Resultó que todo ese trabajo «sin sentido» que consumía su tiempo no era en realidad urgente. También un consultor anónimo me contó el giro que experimentó su carrera cuando su empresa implantó la política de dar a sus consultores horas no facturables que podían emplear en lo que quisieran. «Eso me cambió la vida —explicó—. De pronto tenía más tiempo para aprender y ampliar mis conocimientos a nuevas áreas […] volví a comprometerme con mi trabajo […] me recordó que me gusta mi trabajo». Un ingeniero civil llamado Nick consiguió cambiar de un puesto de 60 horas semanales a uno de 30 y con unas expectativas definidas con mucha claridad, lo que le permitió mantener una carga de trabajo más manejable. «Veo que soy capaz de producir casi lo mismo que antes trabajando la mitad, porque ahora mi foco es más reducido», comentó con evidente sorpresa.

Ya he dicho que la sobrecarga no es algo intrínseco al sector del conocimiento, sino un efecto secundario de la forma rudimentaria que

tenemos de autogestionar nuestro volumen de trabajo. También he se-
ñalado que trabajar a la máxima capacidad posible reduce, en gran
medida, el ritmo al que hacemos cosas útiles, ya que la agenda se llena
de tareas administrativas y la atención se dispersa en fragmentos demasiado pequeños para «defender» el pensamiento inicial. Lo que fue
cierto para Jane Austen en el siglo XVIII lo sigue siendo para quienes
trabajan con un ordenador en el siglo XXI: hacer menos es la clave para
producir un mejor trabajo.

Pero este reconocimiento no basta para justificar la transformación de tu vida profesional. El sector del conocimiento sigue
definido por las exigencias de la seudoproductividad. Los igno-
rantes considerarán tu compromiso de hacer menos cosas como
holgazanería o una menor ética laboral. Se necesita un planteamiento más cuidadoso y táctico para avanzar con éxito hacia un
estilo más libre, como el de la casita de Chawton, en este mundo
dominado por constantes invitaciones a reuniones por Zoom y
mensajes electrónicos. En estas ideas más concretas nos vamos a
fijar ahora.

Propuesta: limítate a lo esencial

A la hora de buscar ideas sobre cómo poner en práctica el primer
principio de la *slow productivity*, el de hacer menos cosas, vale la pena
empezar con un famoso ejemplo de simplificación profesional: la
búsqueda del matemático Andrew Wiles del último teorema de Fermat, un problema de teoría de números identificado por primera vez
en el siglo XVII por el erudito francés Pierre de Fermat, y cuya

solución se resistió durante siglos.* Como se describe en el libro de Simon Singh *El enigma de Fermat*, la historia de la solución a este teorema empieza de una manera espectacular: la escena se desarrolla en una librería de los años sesenta. Un niño de diez años, Andrew Wiles, se topa con un libro en el que descubre el teorema y se queda fascinado. «Es un problema que yo, con diez años, podía entender —le dijo a Singh—. Y desde ese momento supe que nunca lo abandonaría. Tenía que resolverlo».

Avancemos ahora hasta 1986. Wiles es profesor de Matemáticas en la Universidad de Princeton, donde destaca como uno de los teóricos de números más famosos de su generación; entre sus logros figura un avance asombroso en la aritmética de las curvas elípticas. Es aquí donde la narración recibe el impacto de una especie de *deus ex machina*: Wiles se entera de que otro teórico de números, Ken Ribet, ha establecido un vínculo sorprendente entre el enigma de Fermat y una oscura y muy técnica conjetura conocida como Taniyama-Shimura: la resolución de esta conjetura, manifestó Ribet, demostraría que el último teorema de Fermat también era cierto.

Wiles está anonadado. Resulta que la conjetura Taniyama-Shimura se apoya en la teoría de la curva elíptica. Él, que a los diez años había declarado que un día resolvería el último teorema de Fermat, era de repente la persona más cualificada del mundo para hacerlo. «Estaba entusiasmado. En ese momento supe que el curso de mi vida estaba cambiando —confesó—. Aquello significaba que el sueño de mi

---

* Para quienes tengan interés, presento aquí una de las varias afirmaciones equivalentes del último teorema de Fermat: si n es un número entero mayor o igual que 2, entonces no existen números enteros positivos a, b y c, tales que se cumpla la igualdad: $a^n + b^n = c^n$.

infancia era ahora algo serio en lo que trabajar, y que no dejaría de hacerlo».

Lo importante de la historia de Wiles para la *slow productivity* es su manera de reaccionar a la profética decisión de concentrar toda su energía en esta singular búsqueda. Según Singh, el joven matemático empezó de inmediato a reducir sus compromisos:

> Wiles abandonó todos los trabajos que no tenían relación directa con la demostración del último teorema de Fermat y dejó de asistir a las interminables rondas de conferencias y coloquios. Puesto que todavía tenía responsabilidades en el departamento de Matemáticas de Princeton, continuó asistiendo a los seminarios, dando conferencias a los estudiantes y ofreciendo tutorías. Pero siempre que podía evitaba las distracciones propias de su labor académica y se quedaba a trabajar en el estudio que tenía en el ático de su casa.

Le quedaba, por supuesto, el tema de las publicaciones. Como profesor de Princeton se suponía que tenía que elaborar artículos. Para evitar la atención indeseada, Wiles ideó algo que Singh califica de «astuta estratagema». Durante gran parte de la década de los ochenta, había estado trabajando en un gran proyecto de investigación sobre la teoría de la curva elíptica que preparó para publicarlo en un largo y llamativo manuscrito, pero de pronto cambió de rumbo. Con el fin de disponer de más tiempo para trabajar en el teorema de Fermat, decidió descomponer su trabajo, que ya estaba casi terminado, en partes más pequeñas, y publicar una parte cada seis meses más o menos. «Esta aparente productividad convencería a sus colegas de que continuaba con su investigación habitual», explica Singh.

Wiles empezó a trabajar en serio en el último teorema de Fermat en 1986. Lo hizo en secreto durante cinco años, en su estudio del ático, sorteando siempre cualquier otro proyecto o responsabilidad de envergadura. A principios de 1990, cuando estaba llegando a la solución del teorema, volvió a asistir a algunas conferencias sobre la curva elíptica para refrescar sus herramientas matemáticas con nuevas técnicas. Entonces aceptó un puesto de profesor de investigación en Oxford, lo que le permitió centrarse en el teorema. (Este tipo de cargos tienen pocas obligaciones aparte de pensar en problemas difíciles). Por último, en 1993, ocho años después de iniciar su investigación, Wiles presentó su prueba completa de la conjetura de Taniyama-Shimura en una serie de conferencias en el Isaac Newton Institute de Cambridge. En su ponencia de clausura, los medios de comunicación abarrotaban el fondo de la sala tras haber sido avisados por los asistentes a la conferencia. Cuando llegó al final de su demostración, Wiles dijo: «Creo que me detendré aquí». Entonces empezaron a estallar los flashes de las cámaras de los periodistas.

A no ser que te dediques a dar clases de matemáticas, los pasos que dio Andrew Wiles para reducir su carga de trabajo no te resultarán tan relevantes. Lo que nos interesa es su planteamiento general: se preparó para centrarse en un único proyecto, grande y significativo, limitando otros compromisos y obligaciones que competirían por su tiempo. Y, lo que es más importante, fue constante en esta reducción. No es que decidiera, de forma general, asumir menos trabajo, sino que se impuso unas normas concretas (por ejemplo, nada de conferencias), hábitos (como trabajar desde casa lo máximo que pudiera) e incluso estratagemas (por ejemplo, descomponer en partes más pequeñas su casi finalizada investigación), y todo ello con la finalidad de minimizar el número de tareas que pugnaban por ocupar su atención.

Esta primera propuesta sugiere seguir el ejemplo de Andrew Wiles y poner en marcha un plan sistemático para limitar los compromisos significativos en tu vida profesional. Hay muchas formas de alcanzar este objetivo. En las estrategias que presento a continuación, detallo un plan que a mí en particular me ha sido muy útil: aplicar límites a diferente escala a la vez, desde tus misiones generales hasta tus proyectos en curso o tus objetivos cotidianos.

Si pones límites en las tres escalas tendrás más posibilidades de éxito que si te centras en una. En caso de que tengas múltiples líneas profesionales relevantes te costará reducir la reserva de proyectos continuados que generan. Del mismo modo, si cuentas con muchos proyectos en curso te será difícil evitar que tu agenda se sobrecargue. Lo que presento a continuación son tres estrategias, cada una para reducir una de las tres escalas.

LIMITA LAS «MISIONES»

El término *misión* suena muy ambicioso. En nuestro caso vamos a reducirlo a una definición más pragmática: se trata de cualquier objetivo, línea de trabajo o servicio continuado que dirige tu vida profesional. La misión de Andrew Wiles era resolver el último teorema de Fermat. Obtener subvenciones, gestionar de manera eficaz las peticiones de Recursos Humanos, elaborar informes creativos y diseñar programas informáticos son ejemplos de misiones. Se trata de las líneas genéricas que marcan dónde diriges tu atención en el trabajo. Y es fácil que tu «catálogo» de misiones se expanda, porque asumir un nuevo y gran objetivo resulta emocionante al principio. Pero hay que tener en cuenta que, una vez adoptadas, exigen esfuerzo. Si tu vida profesional es muy ajetreada caerás con seguridad en la sobrecarga. Por lo tanto, cualquier intento de cumplir el primer principio de la *slow productivity* debe empezar por la reducción de los objetivos principales o misiones.

Es difícil concretar un número óptimo de misiones, pero, en general, podríamos decir que cuantas menos, mejor. Lo ideal sería centrarse en un único objetivo, aunque este nivel de simplicidad solo suele ser factible en los sectores más creativos; un ejemplo sería Hemingway en Key West, mecanografiando páginas cada mañana en su máquina de escribir Corona. Dos o tres misiones es algo más realista y sigue siendo bastante manejable. En mi caso, cuando me gradué en la universidad con una especialización en Informática y un contrato para un libro con Random House, decidí centrar mi labor en esas dos misiones: la investigación académica y la escritura. Y así fue hasta que me contrataron como profesor, momento en el que tuve que añadir una tercera misión, dedicada a aspectos no relacionados con la investigación, como la preparación de clases y la supervisión de mis estudiantes. La verdad es que siento que tener tres misiones sigue siendo compatible con la *slow productivity*, en especial si las controlo con cierto cuidado (ver la siguiente propuesta para más detalles). Pero, si te soy sincero, echo de menos la simplicidad de tener solo dos… y salivo ante la idea de que fuera solo una.

En el otro extremo estaría la dificultad de llevar en paralelo cinco o más líneas de trabajo sin sentir que te ahogas. Parece una cantidad de objetivos difícil de asumir, pero es más sencillo de lo que imaginas dejar que el número de compromisos se vaya incrementando. Mi amiga Jenny Blake explica en su libro *Free Time*, publicado en 2022, cómo su firma de consultoría y formación se fue expandiendo hasta que un día, agotada por las exigencias laborales, se dio cuenta de que tenía más de diez fuentes de ingresos que describía como «herencia de años de experimentación». No existe táctica de gestión del tiempo o de racionalización lo bastante inteligente para hacer manejable el trabajo que requiere mantener diez misiones a la vez.

Blake empezó a fantasear con «que me tocara la lotería o dejarlo todo», pero enseguida reconoció que debía simplificar si esperaba tener una vida profesional sostenible y que mereciese la pena. De modo que renunció a algunas fuentes de ingresos y redujo su personal a tres personas a media jornada. Ahora trabaja de media 20 horas semanales y se toma dos meses enteros de vacaciones al año. Seguro que estaría ganando más dinero si tuviera más misiones, pero cuando disfrutas de 20 horas laborables a la semana la verdad es que eso te preocupa bastante poco.

LIMITA LOS PROYECTOS

Las misiones requieren que inicies «proyectos», que es el término que utilizo para designar cualquier iniciativa relacionada con el trabajo que no puede ser completada en una única sesión. Algunos proyectos se ponen en marcha solo una vez; por ejemplo, actualizar las ventas de un producto en la web. Otros son recurrentes, es decir, se desarrollan sin tener un punto final determinado, como responder a consultas de tus clientes. Los proyectos generan a su vez la mayoría de las tareas concretas que ocupan tu tiempo durante el día. Por lo tanto, si limitas el número de proyectos, limitarás también tu volumen de trabajo general.

Un método un poco drástico para alcanzar este objetivo es adoptar el papel de persona excéntrica e insensible, pidiendo a tus colegas que redirijan sus peticiones y tareas a otros. En mi libro *Deep Work*, señalé al físico teórico Richard Feynman, ganador del premio Nobel, como ejemplo canónico de este planteamiento. En concreto, destacaba el siguiente fragmento de una entrevista que le hicieron en el programa *Horizon* de la *BBC* en 1981, cuando era profesor en Caltech:

> Para que la verdadera buena física funcione, has de tener enormes periodos sólidos [...] necesita mucha concentración [...] si tu trabajo consiste en administrar algo, no dispones de ese tiempo. Así que me he inventado otro mito para mí: soy insensible. Actúo de una forma insensible y le digo a todo el mundo que no.

Pero, incluso para alguien tan excéntrico como Feynman, mantener esta máscara antisocial es una labor muy exigente. Olvidé mencionar en *Céntrate (Deep Work)*, por ejemplo, que cinco años después de esa entrevista la coraza de insensibilidad de Feynman fue traspasada cuando su antiguo alumno William Graham —entonces director de la NASA— le convenció para participar en la comisión presidencial sobre el desastre del transbordador espacial *Challenger*.

Feynman ayudó a identificar la causa del desastre: el sellado de los anillos de goma de la nave perdió su elasticidad al enfriarse por el descenso de temperatura. Su demostración del problema durante las audiencias televisadas de la comisión, en la que sumergió un anillo de goma en agua helada, se hizo famosa y volvió a poner en el candelero a aquel veterano físico.

Por otra parte, es innegable que su participación en esta comisión, pese al éxito que tuvo, supuso el fracaso de sus tan bien diseñados planes para eludir proyectos ajenos a su vida profesional. «La irresponsabilidad exige estar siempre alerta —declaró Feynman a *Los Angeles Times* en 1986—. ¡Y yo fracasé! No estuve lo bastante alerta cuando se creó esa comisión presidencial. Suspendí en mi propio principio». Al parecer, un plan para convertirse en una persona demasiado desagradable para ser molestada no es sostenible, pues existe un número limitado de veces en las que puedes dar un «no» rotundo por respuesta sin perder tu trabajo o sin que te tachen de cascarrabias y poco de fiar.

Esto nos deja ante una opción más sutil para limitar los proyectos: apelar a la cruda pero intachable realidad de tu tiempo disponible. Si alguien te pide hacer algo y le trasmites una vaga sensación de estar a tope de trabajo para rechazarlo, lo conseguirás una vez, pero no siempre. «Todo el mundo está muy ocupado —te dirán—, pero de verdad necesito que me hagas esto». Si, por el contrario, tienes fama de persona que se preocupa por gestionar su tiempo y medir su actividad de una forma más concreta, tendrás más probabilidades de evitar la nueva tarea. Así, cuando dices: «No tengo hueco en mi agenda para trabajar en algo así hasta dentro de tres semanas, y además llevo otros cinco proyectos en marcha», es difícil que la otra persona te rebata, a no ser que esté dispuesta a poner en duda tus cálculos o a exigirte que amplíes tu jornada laboral para dar cabida a esa tarea concreta.

Para ganarte esta credibilidad te recomiendo que, al principio sobre todo, cuando estés pensando en un nuevo proyecto, calcules el tiempo que tendrás que dedicarle y luego *busques ese tiempo y lo programes en tu agenda*. Bloquea esas horas como lo haces con las reuniones. Si ves que no eres capaz de hallar suficientes huecos en el futuro cercano para encajar el nuevo proyecto, entonces es que no tienes tiempo para él. Tendrás, por tanto, que rechazarlo o cancelar otra cosa para hacerle sitio. Lo mejor de este enfoque es que estás tratando con tu tiempo real y no con una vaga sensación de ocupación.

De todos modos, no siempre tendrás que programar tus proyectos así. Tras haber puesto en práctica esta estrategia durante un tiempo habrás desarrollado un cierto instinto para saber más o menos cuántos compromisos puedes mantener en un momento dado sin sobrecargar tu agenda. En el futuro bastará con que lleves la cuenta de proyectos en curso y rechaces los nuevos una vez superado tu límite; por supuesto, haciendo los ajustes necesarios para periodos de mucho trabajo, que serán inusuales.

A pesar de que este método está pensado para evitar que aceptes más trabajo del que puedes asumir, llenar cada minuto de tu jornada laboral con proyectos te puede generar un nivel de agotamiento incompatible con la *slow productivity*, incluso aunque seas capaz de llevarlos a cabo. Para evitar esa situación, limita el tiempo que reservas para cada proyecto (recuerda las 20 horas semanales de Jenny Blake) y exagera los cálculos —tira siempre por arriba— para asegurarte de contar con tiempo suficiente para terminar sin prisas ni agobios el trabajo que has aceptado. Hablaremos de este tipo de ideas en el próximo capítulo, centrado en el principio de trabajar a un ritmo natural. Por ahora lo que nos interesa de esta estrategia es que mantengas la claridad y el control sobre tu agenda y que la utilices para mantenerte en una carga de trabajo razonable, con independencia de cómo definas esta condición. Existe el mito de que es difícil decir «no», ya sea a otra persona o a tu propia ambición, pero lo cierto es que no resulta tan complicado... si tienes claro que es la única respuesta razonable.

LIMITA LOS OBJETIVOS COTIDIANOS

Hemos llegado al nivel mínimo de trabajo que vamos a considerar para nuestras estrategias restrictivas: los proyectos en los que decides avanzar durante el día de hoy. Mi recomendación aquí es simple: trabaja como máximo en un proyecto al día. Con esto no quiero decir que un proyecto sea tu único trabajo del día, porque es casi seguro que tendrás que asistir a reuniones, responder correos electrónicos y realizar tareas administrativas varias (hablaremos sobre estas actividades menores en la siguiente propuesta sobre restringir las tareas pequeñas). Pero cuando se trata de invertir energía en iniciativas grandes y significativas hay que centrarse en solo una al día.

Aprendí este principio de mi directora de tesis del MIT, una de las impulsoras del estudio de la teoría del algoritmo distribuido y una erudita muy productiva. Le costaba entender mis idas y venidas entre múltiples artículos académicos, o que combinara la escritura de un libro con trabajar en mis investigaciones informáticas el mismo día. Ella prefería centrarse en un único proyecto hasta haberlo terminado, y luego pasar a otro. Yo estaba convencido de que la *lentitud* de trabajar en un solo tema relevante al día me frenaría; mi impaciente ambición juvenil me hacía querer avanzar en cuantas más cosas mejor.

Es evidente que yo estaba equivocado y ella tenía razón. Porque trabajar en una sola iniciativa relevante al día te da estabilidad. El verdadero progreso se acumula y la ansiedad se atenúa. Este ritmo puede parecer lento en un principio, pero al ver los resultados a lo largo de los meses nos damos cuenta de que no es así. Yo era demasiado joven a mis 20 años para apreciar esta realidad, pero ahora reconozco su valor.

Propuesta: contén las tareas pequeñas

Teniendo en cuenta que la ética laboral de Benjamin Franklin era más que estricta, parece raro haberle elegido para hablar de la *slow productivity*. En su autobiografía, por ejemplo, comentaba que para dar a conocer su incipiente imprenta de Filadelfia tenía que trabajar más horas que la competencia, a menudo manejando las prensas hasta la medianoche o más. «Este sector, visible para nuestros vecinos, empezó a darnos carácter y reconocimiento», escribió. Tras fundar la imprenta expandió su actividad comercial como editor del periódico *The Pennsylvania Gazette,* que él mismo ayudó a hacer crecer, en parte, asumiendo el ingrato y exigente puesto de jefe de correos de Filadelfia, lo que le daba un acceso temprano a las noticias.

Tres años después de fundar el *Gazette*, Franklin se pasó a los libros y empezó a publicar el *Almanaque del pobre Richard*, que también se hizo enseguida muy popular. Con la intención de aumentar sus ingresos montó un par de franquicias de su imprenta en otras localidades: la primera en Carolina del Sur y la segunda en Nueva York. Estos complicados acuerdos le obligaron a instalar maquinaria en cada sede de la franquicia, además de ofrecer su capital y experiencia a cambio de repartirse los beneficios. En este periodo empezó a llevar una lista diaria de las virtudes que quería alcanzar. No es de extrañar que una de ellas fuera la «diligencia», que Franklin definió en su autobiografía como la determinación de «no perder el tiempo y estar siempre ocupado en algo útil». Es de suponer que esta virtud fue siempre marcada en la lista como completada.

De todas formas, esta visión de Franklin como el «santo patrón de la actividad frenética» pasa por alto una historia más compleja. Si bien es cierto que su carrera profesional comenzó con una gran carga de trabajo, esta no se prolongó mucho tiempo. Uno de sus biógrafos, H. W. Brands, señala que cuando Franklin rondaba los 30 años empezó a quemarse. «Parte del problema era que estaba empezando a adelgazar», señala Brands. Entonces decidió un cambio de rumbo, inesperado y subestimado, hacia la *slow productivity*.

El que Franklin descubriera la *slow productivity* fue en parte casualidad. Cuando decidió abrir una tercera franquicia de su imprenta en las Antillas —que iba a dirigir su ayudante inglés David Hall— el proyecto se detuvo porque Hall, que había llegado a Filadelfia en 1744, enfermó de ictericia, causada probablemente por una hepatitis que le habrían contagiado en su viaje trasatlántico desde Londres. Franklin tomó entonces la fatal decisión de contratar a David Hall para su imprenta de Filadelfia mientras se recuperaba, pero quedó tan impresionado con sus habilidades que acabó cancelando el plan de las Antillas para quedarse allí con él. Brands lo cuenta así:

> Hall se convirtió en la mano derecha de Franklin, gestionando todos los asuntos de la imprenta con una habilidad y eficacia que ni el propio Franklin poseía. El negocio fue cada vez más rentable para su propietario, aunque el tiempo que tenía que dedicarle era cada vez menor.

Al no estar lastrado por los detalles administrativos propios de la gestión de un negocio, Franklin pasó a centrar su atención en otros proyectos más ambiciosos y atractivos. En los primeros cuatro años tras la llegada de Hall popularizó su eficaz estufa de leña, organizó una milicia ciudadana en Filadelfia y fundó la Sociedad Filosófica Estadounidense.

En 1748, Franklin tomó la crucial decisión de ascender a David Hall de su mano derecha a socio de la imprenta, con la intención de consolidar este recién descubierto tiempo libre. De modo que le traspasó los detalles de la gestión de la imprenta a Hall, con quien se repartiría los beneficios. Como dice Brands, esta iniciativa redujo de manera considerable la riqueza potencial de Franklin, porque además de dejar de obtener la mitad de los beneficios también perdía el crecimiento potencial que su empresa habría obtenido si él —que era un empresario de mucho talento— se hubiera quedado al mando de la gestión, diseñando nuevos planes y abriendo mercados.

Pero Franklin estaba feliz con este intercambio de dinero por tiempo para emprender otros proyectos de más envergadura. De hecho, en sus cartas de este periodo se nota la alegría que le había dado su recién descubierta libertad: «Estoy arreglando mis viejas cuentas y espero pronto controlar la gestión de mi tiempo libre», escribió a un amigo de Londres en 1748, y seguía diciendo:

Estoy en el bello camino de no tener otras *tareas* que las que quiera ponerme, y de disfrutar lo que considero que es una gran felicidad, el placer de leer, estudiar, hacer experimentos y conversar largo y tendido [...] en aquellos temas en los que pueda aportar algo al bien común de la humanidad, sin ser interrumpido por pequeñas preocupaciones y fatigas del negocio.

Pues bien, las optimistas predicciones de Franklin para la vida que aspiraba a tener, sin «tareas» ni «preocupaciones ni fatigas del negocio» resultaron ser ciertas. A partir de 1748, comenzó a interesarse por la teoría de la electricidad, un fenómeno poco conocido del que había oído hablar un año antes, durante una demostración en Boston. Liberado de su carga administrativa cotidiana, pudo hacer avances inmediatos en el tema. En un breve periodo de unos pocos años presentó la teoría del fluido de electricidad positiva y negativa, inventó la batería y fabricó un rudimentario motor eléctrico.

Más relevante fue su teoría del rayo como fenómeno eléctrico, la cual, además de ofrecer una explicación naturalista y clara sobre los relámpagos celestes, identificaba también una solución simple para los daños que solían causar: el pararrayos. Tras validar su teoría con una serie de experimentos, uno de ellos efectuado por un equipo de investigadores franceses montando un pararrayos en una torre durante una tormenta, y el otro, el famoso que él mismo llevó a cabo haciendo volar una cometa un día de tormenta, Franklin fue catapultado a la fama mundial. Poco después, y gracias en parte a esta fama repentina, fue elegido miembro de la Asamblea de Pensilvania, entrando así de manera oficial en la política. Todo el mundo sabe lo que ocurrió después.

Lo que hace que la crisis de la mediana edad de Benjamin Franklin sea notable para el público actual es su creencia general de que controlando el impacto de los pequeños detalles en la vida profesional se abre un espacio para dedicarse a otros objetivos de mayor envergadura. Puede que fuera una de las primeras personas en darse cuenta de esto, pero sin duda no fue la última. El novelista escocés Ian Rankin, por ejemplo, describe muy bien esa avalancha de lo mundano que tan a menudo le aleja de la escritura: «El teléfono suena, llaman a la puerta, hay que ir a comprar o responder correos urgentes», y se refiere a estos días de distracción como «moverse por arenas movedizas». Su solución —es decir, su versión personal de la de Franklin de contratar a David Hall— fue retirarse a una casa aislada en la costa nororiental de Escocia, en la ciudad de Cromarty, en la Black Isle. Así lo explica:

> Cuando me voy al norte escribo en una habitación en la azotea. Si tengo frío, enciendo la chimenea; si hace sol, salgo a dar un paseo y escribo por la tarde o por la noche. Cuando me encuentro con un obstáculo o un problema, el hecho de salir a pasear me ayuda a encontrar la solución.

A Edith Wharton también le preocupaba la intrusión de lo mundano en sus grandes objetivos. En los nueve años que vivió en Mount, su extensa finca en los Berkshires, Wharton se empeñó en mantener una rutina estricta para preservar sus horas de escritura de las distracciones que le provocaban sus frecuentes visitas. Desde que se despertaba hasta las 11 de la mañana se sentaba en la cama y escribía en una pizarra que aguantaba sobre las rodillas. Hay quien dice que cuando terminaba una página la tiraba al suelo para que la recogiera un secretario suyo. A los invitados se les pedía que se entretuvieran hasta la hora de comer, para que no molestaran a Wharton. «La más mínima interrupción de mi rutina me hace perder el hilo», afirmó en una carta de 1905.

Disfruto recopilando estos relatos de glamurosas defensas contra la distracción. Me parecen ambiciosos y a menudo inalcanzables. Contratar a un David Hall, retirarse a una casa en una isla remota de Escocia o dejar ciertas tareas a un secretario para que las haga mientras tú estás en la cama escribiendo son cosas que la mayoría no podemos permitirnos.* De todas formas, el motivo fundamental que impulsa estos relatos no debería ser ignorado. Las pequeñas tareas, si se presentan en cantidad suficiente, pueden actuar como una especie de termitas contra la productividad, desestabilizando la base que estás intentando construir. Así que vale la pena controlarlas.

Con este objetivo en mente, presento en las siguientes páginas una serie de estrategias más prácticas, ideadas para ayudarte a tomar el control de las pequeñas obligaciones de tu vida profesional. Este tema de controlar las tareas ya lo he tratado antes. Por ejemplo, en

---

* Para una crítica constructiva sobre las circunstancias específicas y los privilegios que permitieron prosperar a Benjamin Franklin recomiendo el libro, finalista de los premios National Book de 2013, *Book of Ages: The Life and Opinions of Jane Franklin*, de Jill Lepore. En él detalla cómo su hermana Jane compartía su misma inteligencia y ambición, pero que debido a las exigencias de las mujeres de su clase en aquella época (¡Jane crio a doce hijos!) no tuvo una salida viable para su talento.

mi libro *Céntrate (Deep Work)* incluí un capítulo titulado «Drenar las aguas poco profundas», en el que lo exploraba. En él recomiendo planificar mejor el calendario recurriendo a bloquear periodos de tiempo, una estrategia que utilizó por primera vez Franklin. También aconsejo escribir correos electrónicos más estructurados para minimizar el constante intercambio de mensajes, un objetivo que explico con más detalle en el libro que publiqué cinco años más tarde, *Un mundo sin e-mail.* En torno a estos libros hay numerosos artículos y horas de debate en podcast en los que también he abordado este tema en profundidad.

Las estrategias que presento aquí son las mejores de todas, y las he seleccionado a partir de años de experiencia luchando contra las listas de tareas que distraen. Este consejo está unificado bajo el concepto de *contención.* Varias de las ideas tienen como objetivo contener o limitar el daño colateral producido por las tareas que no puedes abordar. En muchos casos no es la propia ejecución de un pequeño compromiso lo que genera distracción, sino el esfuerzo cognitivo necesario para recordarlo, ocuparte de él y hallar hueco para ejecutarlo. Si puedes minimizar este trabajo preparatorio podrás contener el impacto de la tarea en sí. Otras ideas se centran en contener las propias tareas evitando, ante todo, que lleguen a tus listas. En ambos casos el objetivo es limitar el daño.

La *slow productivity* exige que te liberes de las limitaciones de lo pequeño para así emplear el tiempo en algo que valga la pena. Se trata de un conflicto desordenado y minucioso que se libra, en gran medida, en el campo de batalla de los anticuados sistemas y tácticas de la productividad. Pero es una batalla que hay que librar si tu deseo es, como dijo Benjamin Franklin, llegar a controlar tu tiempo. Empecemos, pues.

PON LAS TAREAS EN PILOTO AUTOMÁTICO

A los veinte años, cuando escribía para asesorar a mis estudiantes solía recomendar la estrategia organizacional del *calendario en piloto automático*. La idea era asignar los trabajos de clase que se hacían con regularidad a unas horas y días específicos, e incluso a veces a lugares específicos, y así cada semana. Por ejemplo, la lectura de Literatura Inglesa se hace siempre los martes y jueves después de la clase de las 10, en la misma mesa, en el mismo piso de la misma cercana biblioteca. Esta estrategia funcionaba, porque contrarrestaba la tendencia de muchos estudiantes a trabajar solo en lo urgente. Es raro, por ejemplo, que un universitario piense de manera espontánea: «Tal vez tenga que ponerme a trabajar en estos problemas con tres días de antelación». Pero si esa tarea está en modo piloto automático en su calendario para un día concreto, entonces trabajará en ella casi sin pensarlo. «Una vez que llegues al punto en que tu trabajo rutinario se haga sin pensar —señalé en uno de mis primeros artículos sobre este tema— habrás alcanzado ese punto dulce de bajo estrés en el que poder prestar atención a lo esencial».

Cuando más tarde dejé de escribir sobre los problemas de los estudiantes, la estrategia del calendario en piloto automático pasó a un segundo plano, porque me centré en otras herramientas más específicas del trabajo de oficina, como el bloqueo de tiempo y los protocolos para el correo electrónico. Pero ahora que las exigencias administrativas de mi propio trabajo continúan expandiéndose he vuelto a experimentar con esta estrategia. En el contexto del trabajo del conocimiento, los calendarios en piloto automático son un medio muy eficaz para contener las tareas. Puedes fijar unas horas a la semana para llevar a cabo categorías específicas de tareas frecuentes.

Un autónomo, por ejemplo, podría programar el envío de facturas los lunes por la mañana, mientras que una profesora podría programar la revisión de los informes para las becas los viernes, justo después de comer. Una vez te acostumbras a efectuar un tipo de tarea específico en el mismo horario y el mismo día, los daños colaterales que provoca su ejecución se desploman.

Una mejora fundamental para apoyar esta versión centrada en el calendario en piloto automático es aprovechar rituales y lugares. Si puedes relacionar un bloque de tareas recurrentes con una ubicación específica, tal vez combinado con un breve ritual que te ayude a ponerte en marcha, es más probable que adoptes un ritmo regular de realización de este tipo de tareas. Volviendo al ejemplo de nuestra profesora, a lo mejor planea comer siempre en el mismo comedor del campus los viernes y, al acabar, cruzar a pie la zona verde (ritual) hasta la misma mesa de estudio en la misma biblioteca (lugar), donde se sentará a revisar los informes de las becas. Quizá al terminar volverá a la facultad para hacerse un café y llevárselo a su despacho (otro ritual). Esta combinación de rituales y lugares hace que nuestra hipotética profesora revise los informes de las becas cada semana sin pensar demasiado en ello.

Yo recomiendo plasmar tantas categorías de tareas regulares como sea posible en un calendario en piloto automático cada vez más elaborado que puede incluir, por ejemplo, revisar consultas de clientes, comprobar si se ha actualizado tu web, preparar reuniones, leer correos electrónicos o actualizar las webs de gestión de proyectos. Contener las tareas no es lo mismo que evitar las pequeñas obligaciones, sino más bien lograr que estas sean lo más sencillas posible. Como ya he dicho, se trata de buscar ese «punto dulce de bajo estrés».

SINCRONIZA

En el otoño de 2020, publiqué un largo artículo en *The New Yorker*, titulado «The Rise and Fall of Getting Things Done». Empezaba con la historia de Merlin Mann, un autónomo diseñador web y director de proyectos que a principios del año 2000 se vio desbordado de trabajo. Fue en ese momento cuando descubrió la metodología Getting Things Done (GTD) de David Allen y pensó que este sistema para organizar largas listas de tareas era justo lo que necesitaba. Abrió el blog *43 Folders* —en referencia a la técnica de las «carpetas recordatorias» descrita por Allen— para dejar constancia de su creciente entusiasmo por el sistema.* «Créeme, si sigues viendo que el agua de tu vida se ha desbordado —escribió Mann en una de las primeras entradas—, GTD es el vaso que necesitas para recomponer las cosas».

43 Folders fue creciendo hasta convertirse en uno de los blogs sobre productividad más populares de internet, lo que llevó a Mann a dejar su trabajo como gestor de proyectos para dedicarse solo al blog. Lo interesante de esta historia no es solo su ascenso, sino también su caída. Apenas tres años después de abrir *43 Folders*, Mann empezó a desilusionarse con las promesas de sistemas como el GTD para transformar el mundo laboral. Estos trucos de productividad, escribió, no acababan de hacerle sentir «más competente, estable y vivo».

---

* La técnica de las carpetas recordatorias es una estrategia organizacional popularizada por David Allen, aunque no fue él su inventor. La idea es tener una carpeta para cada día del mes en curso, así como otra para cada uno de los meses restantes. De este modo puedes archivar los documentos principales en el día del mes en curso que los necesites, o, si no los necesitas hasta más tarde, en la carpeta del mes en que los necesitarás. Este sistema requiere tener 31 carpetas *diarias*, y 12 *mensuales*; en total, 43.

Entonces trasladó el foco de *43 Folders* desde la productividad pura al objetivo más difuso de dar lugar a un mejor trabajo creativo. Al final acabó cerrando el blog para siempre.

Hay muchas explicaciones para la desilusión de Mann con los sistemas de gestión de tareas como el GTD. La que me gustaría destacar aquí es quizá la más fundamental: que no funcionan. Bueno, para ser justo diré que no son del todo ineficaces. Desde luego, sacar tus obligaciones de la mente para introducirlas en un sistema fiable (que es la base del GTD) te *permitirá* estar en una situación de menor ansiedad y organizarte mejor. Cuando entrevisté a Mann me reconoció que todavía confía en ideas inspiradas en el GTD para gestionar las tareas domésticas, enfatizando que no quiere perder ni un ápice de su energía mental en acordarse de limpiar el arenero del gato.

Pero sistemas como el GTD, pese a ser útiles, no sirven para solventar los problemas de sobrecarga que han empezado a sufrir los trabajadores del conocimiento como Mann en décadas recientes. El inconveniente podría ser que el GTD se concentra en tareas aisladas. En otras palabras, en el sistema de Allen las obligaciones se reducen a las «próximas acciones» concretas, las cuales se añaden a unas listas expansivas, categorizadas en diferentes «contextos» de trabajo. Cada profesional hace referencia a la lista que corresponde a su contexto actual y comienza a abordar las acciones una tras otra.

Desde principios de los noventa, sin embargo, el grueso de la actividad que acapara la atención de los trabajadores del conocimiento como Mann no es la ejecución de tareas específicas, sino las interacciones con otras personas *en relación a* dichas tareas. La introducción de los ordenadores personales y de todo tipo de herramientas de comunicación electrónica, como el correo electrónico, transformaron la colaboración en las oficinas en un continuo y caótico mercadillo de mensajes asíncronos de ida y vuelta: un colega te pide que te encargues de algo, tú le contestas que especifique a qué se refiere, entonces escribes a otra persona para recabar la información necesaria, pero por su respuesta te das cuenta de que no ha entendido la tarea, así que le envías un nuevo mensaje a la primera persona que te lo pidió... y así sucesivamente. Si multiplicas estas idas y venidas de interacciones prolongadas por docenas de hilos abiertos a la vez, verás que acabas pasándote el día gestionando conversaciones en vez de haciendo tu trabajo. Dicho de otro modo, esas listas de David Allen, organizadas con tanto esmero, no le sirven al director de proyectos que ha de responder docenas de correos cada hora.

Desde la perspectiva de la *slow productivity*, sin embargo, hay algo bueno en este relato tan desalentador: si gran parte de tu agobio en el trabajo procede de *hablar sobre* las tareas en vez de ejecutarlas, entonces sufres menos saturación de lo que crees. En otras palabras, si puedes reducir el espacio que ocupan esas conversaciones, la pila de obligaciones reales y concretas que te quedará no será tan grande.

Una forma directa de reducir el exceso de trabajo debido a la colaboración es sustituir la comunicación asíncrona por conversaciones en tiempo real. Pensemos en mi ejemplo anterior: una petición ambigua de alguien lleva a otro a un largo hilo de mensajes en el que intervienen tres personas diferentes; si hubieran estado en la misma sala o en una videollamada, la tarea se habría aclarado en pocos minutos. Sin embargo, organizar estas conversaciones es complicado. En la actualidad, se ha extendido como una especie de meme en el contexto laboral aquello de *esta reunión podría haber sido un correo electrónico*, y esto se debe a que si todas las tareas generaran su propia reunión acabaríamos sustituyendo una bandeja de entrada abarrotada por un calendario repleto de reuniones, lo que sería igual de nefasto.

Entiendo que el equilibrio perfecto se halla en aprovechar la jornada de trabajo y programar unas horas para hablar de temas diversos. Por ejemplo, puedes comunicar a tus colegas y clientes que estarás disponible cada tarde entre 30 y 60 minutos. Deja bien claro que en ese rato tu puerta estará abierta, el Zoom activado, los canales de Slack monitorizados y el teléfono conectado, para hablar de cualquier tema o responder preguntas relevantes. Si alguien te envía un mensaje poco claro, en vez de iniciar otra ristra de misivas de ida y vuelta, responde: «¡Me encantará ayudarte! Ven a verme en uno de mis ratos reservados y veremos los detalles».

Este planteamiento también se puede adaptar al trabajo en equipo mediante una estrategia relacionada que denomino «reuniones para resolver temas pendientes». Estas, al igual que las horas reservadas, tienen lugar cada semana el mismo día y a la misma hora, pero, a diferencia de aquellas, asiste todo el equipo. Durante estas reuniones se tratan los asuntos pendientes que requieren colaboración o aclaraciones: el grupo va exponiendo las tareas una a una, analizando qué se ha de hacer en cada caso, quién está trabajando en qué y qué información necesita de los demás. Una manera fácil de organizar estas reuniones es teniendo un documento compartido de tareas a comentar, al que los miembros del equipo irán añadiendo otros asuntos que surjan entre una reunión y otra. Así, bastará una sesión de media hora para ahorrar al equipo varias horas de envío de mensajes.

No sabes el alivio que dan estos dos simples métodos de sincronización. Si consigues aislar el trabajo real de las conversaciones *ad hoc* que lo rodean, verás que lo que te queda no es tan abrumador. Merlin Mann descubrió que ni siquiera los sofisticados sistemas de gestión de tareas eran capaces de acabar con la sensación de saturación que cada vez más afecta a los trabajadores del siglo xxi. Y es que la solución no está en crear sistemas de gestión de tareas más refinados, sino en regresar a algo más simple y humano: mantener conversaciones con regularidad.

HAZ QUE OTRAS PERSONAS TRABAJEN MÁS

En otro artículo del *New Yorker* sobre la productividad —este publicado a principios de 2022— criticaba la falta de reglas o sistemas para identificar y asignar las tareas en la mayoría de los entornos de trabajo del conocimiento. Piénsalo: inundamos de mensajes los correos de todo el mundo, enviamos constantes convocatorias de reuniones y no paramos de intercambiar ruegos y preguntas.

Cuando preparaba ese artículo me preocupaba el hecho de que la gente estuviera tan acostumbrada a asignar las tareas de manera aleatoria que le costase aceptar siquiera que hubiera alternativas, así que decidí colar en mi artículo una sugerencia exagerada a propósito. Mi objetivo era provocar la ira de mis lectores, hacerles reaccionar pensando: «Esto jamás funcionará»; para que luego, en el proceso de convencerse de que mi sugerencia era absurda, tal vez se replantearan su situación.

Esto es lo que escribí:

Imagina que todos los miembros de tu equipo reservan una hora al día para abordar pequeñas tareas y responder a preguntas rápidas. Además, supón que cada cual publica un documento compartido con una hoja de inscripción para un bloque de un día, con un número limitado de huecos. Si quieres que alguien de tu equipo te diga, por ejemplo, su disponibilidad para la visita de un cliente, tendrás que encontrar un hueco para registrar esta petición. Entonces, esa persona la verá y te dará una respuesta durante el «bloque administrativo» de ese día, evitándose así tener que gestionar todas estas obligaciones en un único y abrumador montón de urgencias desestructuradas.

Este experimento es satisfactorio en parte porque reduce la angustiosa asimetría inherente a la asignación de tareas. Es decir, en vez de permitir que tus colegas te lancen peticiones como si fueran granadas de mano, obligándote a arreglar el desorden generado por su «metralla trituradora de productividad», tendrán que esforzarse *antes* para contar con tu atención.

En general, las estrategias que exigen que la gente se esfuerce suelen ser eficaces para contener las tareas. Veamos, por ejemplo, una versión más aceptable de mi sugerencia del *New Yorker*; la llamo «lista de tareas inversa» y funciona de la siguiente manera: creas una lista pública para cada categoría principal de tareas que asumas en tu trabajo. Puedes usar un documento compartido. (Para usuarios avanzados, un tablero de Trello es incluso mejor). Entonces, cada vez que alguien te pida que asumas alguna responsabilidad menor, dile que la añada a la lista de tareas relevantes: en el documento compartido o en una nueva tarjeta en el tablero de Trello. Es fundamental que quede claro que *toda* la información que necesitarás para la tarea debe incluirla en su entrada.

Las listas de tareas inversas obligan a la gente pasar más tiempo especificando qué necesitan de ti, lo cual simplifica la posterior ejecución de sus peticiones. También puedes usar estas listas para mantener a otras personas informadas de cómo van las tareas que estás ejecutando, para que no tengan que estar preguntándote todo el rato. Por último, este tipo de listas sirven para informar con claridad de tu carga de trabajo actual. Si un colega tuyo se encuentra una lista de tareas inversa sobrecargada, se lo pensará dos veces antes de pedirte algo nuevo.

Otra estrategia similar sería introducir procesos para pedir a tus colegas o clientes que hagan parte del trabajo asociado a una tarea determinada. Imagina que tienes un cargo directivo consistente en coordinar a un equipo en una consultora, y que una de tus tareas habituales es aprobar los formularios de reembolso de los gastos de viaje de los miembros de tu equipo. Para hacerlo les pides que te envíen por correo electrónico los formularios, y luego tú los imprimes, los firmas, los escaneas y los envías al departamento de Contabilidad o de Administración.

Una alternativa sería enseñarles un proceso personalizado que les obligue a hacer (algo) más (de) trabajo antes de implicarte a ti. Por ejemplo, podrías colocar en la puerta de tu despacho dos clasificadores de documentos: uno para los formularios nuevos y otro para los firmados. Así, cuando alguien necesite que le firmes un documento, imprimirá el formulario y lo dejará en la primera bandeja. Los jueves por la mañana firmarás los formularios de la primera bandeja y los dejarás en la segunda. A continuación, cada persona implicada tendrá que ir a buscar su formulario firmado, escanearlo y enviarlo, poniéndote a ti en copia para que te quede constancia de que ha sido entregado. De este modo, para quienes solicitan el reembolso este proceso añade trabajo extra, pero no lo suficiente como para que lo noten o sea un problema, ya que una misma persona hace solo de vez en cuando estas solicitudes. En todo caso, agradecerán que haya un proceso bien estructurado. Y tú, como responsable del proceso, habrás reducido bastante los requerimientos de procesar un montón de solicitudes de este tipo cada mes.

Al principio, estas estrategias para hacer más simétrica la asignación de tareas puede parecer hasta cierto punto autocomplaciente; incluso tal vez te preocupe que a los demás les ofendida tu descaro. Pero, en realidad, si actúas con diplomacia para trasmitirlas y lo haces con suficiente humildad, seguro que podrás introducir estos sistemas sin generar mucha reacción en contra. De hecho, tus colegas acabarán agradeciéndolo, porque esa estructura ofrece claridad sobre cómo y cuándo se hará el trabajo que han solicitado.

En general, la gente suele estar demasiado concentrada en sus problemas como para preocuparse por cómo resuelves los tuyos. ¿Recuerdas la provocadora sugerencia que incluí en mi artículo del *New Yorker*, con la que pretendía generar incredulidad en mis lectores? Pues nadie me escribió para echarme en cara que me estaba pasando. Quién sabe, puede que no fuera tan radical como pensaba.

EVITA LOS «MOTORES DE TAREAS»

Es normal que nos centremos en controlar el montón de tareas que ya se nos ha acumulado. Sin embargo, existe una serie de estrategias de contención (también eficaces) que ayudan a controlar el flujo de trabajo antes de que se generen tales obligaciones. La siguiente, por ejemplo, resulta muy útil para reducir la carga de trabajo: cuando tengas que seleccionar proyectos nuevos, evalúa tu disponibilidad en función del número de peticiones semanales, cuestiones o pequeñas tareas que crees que ese proyecto generará, y prioriza las opciones que minimicen ese número. La mayoría de la gente se fija en la dificultad de un proyecto o en la cantidad de tiempo total que tendrá que invertir en él, pero cuando eres consciente de los estragos que causa una lista abarrotada de tareas pendientes tiene sentido que te tomes igual de en serio el impacto de estas.

Para concretar más, supongamos que un director de ventas está decidiendo entre dos proyectos: redactar un informe sobre el modo en que una novedosa tecnología afectará al mercado u organizar una jornada de trabajo con clientes. A primera vista, la organización de la jornada parece una opción más atractiva, porque, por un lado, tiene una fecha, después de la cual el proyecto se habrá acabado, mientras que el informe puede requerir muchas semanas de trabajo. También es más sencilla en el sentido de que no requiere pensar demasiado, mientras que el informe exige dominar información compleja y el desarrollo de predicciones fiables.

Aun así, en este caso yo elegiría sin duda el informe, por una sencilla razón, y es que generará muchas menos tareas. Piénsalo bien: para organizar una jornada tendrás que coordinarte con diferentes clientes, alquilar salas y contratar a los ponentes, por no mencionar el lío del catering, de gestionar diversos problemas logísticos, etc. Surgirán sin duda dificultades de última hora y habrá un inmenso intercambio de mensajes que agotará tu energía mental. En otras palabras, la jornada es algo conocido como *motor de tareas*, es decir, un generador de numerosos asuntos pequeños que habrá que resolver con urgencia.

El informe, en cambio, es una manera diferente de invertir tu energía. Sí, tendrás que bloquear largos periodos para recopilar información, procesarla y reflexionar sobre ella. Es una tarea exigente desde el punto de vista mental, incluso tediosa en algunos momentos, pero genera pocas tareas pequeñas urgentes y, por lo tanto, no tendrás que prestarle más atención que la ya reservada. Puede que no sea fácil redactar un informe, pero la decisión de elegir esta opción en vez del motor de tareas que representa la organización de la jornada sí debería serlo.

INVIERTE

Antes, cuando hablé de limitar los compromisos laborales importantes, te presenté a mi amiga Jenny Blake, que redujo las fuentes de ingresos de su empresa de diez a unas pocas. Otra cosa que me llamó la atención de Jenny era lo orgullosa que se sentía de sus licencias de programas informáticos profesionales. Según explica en su libro *Free Time*, uno de los pasos que dio para reconfigurar su negocio hacia un modelo de *slow productivity* fue gastar más en «hacerse profesional» empleando servicios de software de pago en vez de, como ella misma dice, «exprimir todo lo posible los servicios gratuitos».

Jenny me envió una hoja de cálculo con todas las suscripciones de software que tenía en ese momento, incluyendo su coste mensual. La verdad es que no bromeaba al hablar de hacerse «profesional» con estas herramientas: la hoja contiene más de 50 servicios de pago, desde Calendly hasta DocuSign, pasando por la versión profesional de Zoom; suman un total aproximado de 2400 dólares al mes en licencias. Pero hay una buena razón para este gasto, y es que tales servicios reducen o al menos simplifican el trabajo administrativo.

En otras palabras, Jenny invierte mucho dinero en reducir el tamaño de su lista de tareas.

En el contexto de la *slow productivity*, las inversiones de este tipo tienen mucho sentido. Cuanto más controles los pequeños compromisos que acaparan tu atención, más sostenible y eficazmente podrás trabajar en lo que de verdad importa. Es evidente que existen numerosas opciones además de los servicios de software para intercambiar dinero por listas de tareas reducidas. Sin ir más lejos, conozco a muchos empresarios que ahorran gran cantidad de tiempo contratando y formando a «gestores de operaciones» para que se encarguen de los detalles cotidianos de la gestión de su empresa. En mi caso, por ejemplo, no habría podido añadir mi podcast a mi agenda de no haber sido por el productor al que contraté para que fuera a mi estudio los días de grabación y se ocupara de publicar cada semana un episodio. Claro que podría haber hecho yo solo todo este trabajo y, de hecho, al principio lo hice. Pero aprendí por experiencia que la cantidad de pequeños detalles que genera la publicación de un podcast era tan elevada que si hubiera tenido que seguir haciéndolo por mi cuenta habría acabado renunciando a esa actividad.

Contratar a proveedores profesionales es otra inversión eficaz para contener las listas de tareas. Volviendo a mi ejemplo diré que pago a un contable para que gestione mis libros de ingresos y gastos, a una agencia profesional para que lleve todo lo relacionado con la publicación del podcast, a un especialista en sitios web para que mantenga en funcionamiento todas mis publicaciones en línea y a un abogado para que responda las pequeñas dudas que me surgen en el transcurso normal de mi actividad como escritor. Todos los buenos empresarios que conozco contratan a profesionales que saben lo que hacen para evitar asumir un trabajo que resultará en sus manos de peor calidad.

A corto plazo todo esto cuesta dinero. Si tu empresa es de reciente creación o tus ingresos son modestos, te puede resultar inquietante ver como un porcentaje nada despreciable de ellos vuelve a salir por la puerta. Pero a largo plazo esta descarga de pequeñas responsabilidades te proporcionará el espacio mental necesario para efectuar grandes avances y producir el tipo de valor que hará que estos gastos mensuales de repente te parezcan triviales. No se trata de gastar más dinero del que puedes permitirte, sino de reconocer que un profesional de la *slow productivity* no puede permitirse el lujo de no gastar nada.

Paréntesis: ¿qué pasa con los progenitores desbordados de trabajo?

En su libro de 2014 *Overwhelmed: How to Work, Love and Play When No One Has the Time*, Brigid Schulte, periodista y madre de dos niños, resume su experiencia como madre trabajadora:

> He acabado de hornear las magdalenas para Valentine a las 2 de la madrugada y de escribir a las 4, cuando todo está en silencio y tengo tiempo para concentrarme sin que nadie me distraiga. He tenido lo que espero que hayan sido entrevistas de trabajo sentada en el pasillo de la consulta del dentista de mi hijo [...] En mi casa siempre hay algún electrodoméstico estropeado. Mi lista de pendientes no se acaba nunca. Llevo casi

20 años queriendo elaborar un presupuesto familiar y todavía
no he tenido tiempo. La ropa sucia se acumula en una pila tan
enorme que mi hija se ha zambullido en ella y casi desaparece.

El primer principio de la *slow productivity* es un consejo aparente-
mente profesional: trabajar en menos cosas puede, por extraño que
parezca, generar *más* valor a largo plazo, pues la sobrecarga da lugar
a una cantidad insostenible de improductividad. Pero para padres
como Brigid Schulte esa llamada a hacer menos también afecta a un
nivel más personal. Uno de los efectos colaterales más perniciosos de
la seudoproductividad en el sector del conocimiento es la manera en
que obliga a la gente a gestionar las tensiones entre el trabajo y la vida
personal. Si trabajas en una fábrica y tu empleador quiere que tu
jornada dure 12 horas, esta exigencia se especificará en un contrato
laboral, negro sobre blanco, de forma que pueda ser subrayada y dis-
cutida si es necesario. El sindicato podrá rebatir esas condiciones, se
podrán hacer contraofertas; si es necesario, se aprobará una ley,
como la de 1938 sobre el trabajo justo, que exigía una paga extra a
partir de las 40 horas semanales.

En cambio, en un régimen de seudoproductividad estas exigencias están más bien implícitas y se autorrefuerzan. Te juzgan en función de la cantidad total de trabajo que abordas de forma visible a
partir de una fuente interminable de tareas, pero nadie te dice con
exactitud cuánto es suficiente, depende de ti. *¡Buena suerte!* Esta realidad hace que los padres —y más en concreto las madres, que son
las que suelen llevar el peso de estas tareas— tengan que estar li-
brando día tras día una batalla entre las exigencias del trabajo y las
de la familia. Es un proceso que consiste en tomar mil decisiones

sobre recortar compromisos (que encima nunca agradan a todo el mundo), hasta que un día te encuentras escribiendo a las 4 de la mañana junto a una pila enorme de ropa sucia. En una anécdota desgarradora (y, por desgracia, familiar) que cuenta en *Overwhelmed*, la hija de Schulte se queja del tiempo que su madre pasa frente al ordenador y le dice que cuando sea mayor quiere ser profesora, «porque así al menos pasaré tiempo con mis hijos».

Pero madres y padres no son los únicos que sufren las tensiones entre la vida profesional y personal generadas por la seudoproductividad. Si has de cuidar a un familiar enfermo, sufres tú una enfermedad o tienes que enfrentarte con muchos otros problemas de la vida, tener que demostrar tu valía mediante una actividad visible genera la misma angustia interior. Un ejemplo de esta dinámica se dio en la pandemia, que actuó como un poderoso acelerador del floreciente movimiento contra la productividad, en parte por la forma en que la lógica de la seudoproductividad nos exigía a los trabajadores del conocimiento continuar con la frenética actividad electrónica mientras todo se derrumbaba a nuestro alrededor. Lo que necesitábamos era tiempo y espacio para adaptarnos y llorar; y lo que se nos dio fueron cuentas *premium* de Zoom y alegres exhortaciones por correo electrónico para «seguir siendo productivos». Fue una locura.

Este capítulo ofrece propuestas concretas para ayudarte a reducir tu carga de trabajo. Estas refuerzan el pragmatismo económico que abrió la discusión sobre este principio: hacer menos te lleva a conseguir más. De todas formas, creo que es importante dejar a un lado tal debate y reconocer lo más complicado y humano de esta idea. Para mucha gente, las ventajas de hacer menos cosas van más allá del ámbito profesional; se trata también de encontrar una válvula de escape a una relación psicológicamente insostenible respecto al trabajo. Y es que sufrir sobrecarga laboral no solo es ineficaz, sino que para muchas personas puede ser también inhumano.

Tal realidad debería motivar a quienes se encuentran en esta situación para adoptar con firmeza las estrategias comentadas en este capítulo. Evitar los proyectos que generan demasiadas tareas o gastar más dinero en externalizarlas no es una especie de truco que confiamos en que el jefe o la clientela no noten. Si tu puesto —como tantos en la era de la seudoproductividad— te permite controlar tu carga de trabajo, entonces tienes todo el derecho de adoptar estas estrategias con intención y determinación. Este primer principio de la *slow productivity* no solo es una manera más eficaz de organizar la labor profesional, sino también la solución para quienes sienten que su trabajo está destruyendo su existencia.

Propuesta: «tirar» en lugar de «empujar»

En mis primeros años como estudiante de doctorado en el MIT, iba caminando cada mañana desde la parada de metro de Kendall hasta mi oficina, y pasaba por delante de la obra de un edificio con una fachada de cristal muy elegante. Se trataba de la nueva sede del Broad Institute, empresa mixta del MIT y la Harvard que acababa de inaugurarse con grandes alardes y una donación inicial de 100 millones de dólares procedente de sus benefactores Eli y Edythe Broad. Había oído que ese instituto llevaba a cabo investigaciones muy innovadoras en el emergente campo de la genómica. También sabía que era considerado un gran negocio. Lo que no supe hasta más tarde fue que, tras esos relucientes cristales, al personal del Broad Institute le costaba mucho mantenerse al día en sus tareas.

Según un estudio de caso publicado en la *MIT Sloan Management Review* y titulado «Breaking Logjams in Knowledge Work», el problema empezaba con la secuenciación genética. Uno de los principales servicios que ofrecía el Instituto era la capacidad de procesar muestras que les enviaban científicos de todo el mundo. Estas pasaban por una serie de fases, como si fueran las estaciones de una cadena de montaje, en las que se preparaban para ser analizadas en unas enormes máquinas de secuenciación. El resultado de este proceso de análisis químico era la impresión del código genético de la muestra analizada.

Pero, según afirmaban los autores del artículo, la cadena de montaje enseguida empezó a fallar. Los técnicos que dirigían cada fase del proceso recurrían a una estrategia natural de «empujar» en la que procesaban las muestras entrantes tan rápido como podían y las pasaban a la siguiente fase en cuanto terminaban, es decir las «empujaban» hacia adelante. Pero no todas las fases tardaban lo mismo en completarse, por lo que las más lentas pronto empezaron a tener grandes retrasos en el procesamiento de las muestras, lo cual generaba muchos problemas. «Los retrasos continuaban aumentando, y llegaron más allá de cualquier nivel óptimo —explican los autores—. Cuando alguien necesitaba una muestra concreta, se tardaba dos días en encontrarla. El equipo directivo dedicaba gran parte de su tiempo a buscar soluciones a ese problema». El periodo medio que se tardaba desde la llegada de la muestra hasta que se devolvía la secuencia aumentó a 120 días. Los científicos, decepcionados, empezaron a enviar sus muestras a otros laboratorios.

La solución que encontró el Broad Institute no era nueva, sino una adaptación de una técnica común en el mundo de la fabricación industrial: cambiar el flujo del proceso de secuenciación genética de «empujar» a «tirar». En un proceso basado en «empujar», cada fase «pasa» el trabajo a la siguiente en cuanto se termina. En cambio, en uno basado en «tirar», cada fase «incorpora» un nuevo trabajo solo cuando está preparada para asumirlo; es decir, cada fase «tira» de la fase anterior cuando tiene disponibilidad. En el Broad, esta metodología se implementó de una manera sencilla: cada fase tenía una bandeja donde se colocaban las muestras terminadas, y la siguiente fase las recogía de esa bandeja. Si la bandeja de salida de una fase determinada empezaba a llenarse, sus técnicos podían ralentizar su trabajo. En algunos casos incluso se ofrecían para ayudar en la siguiente fase y así evitar el retraso.

El cambio a esta metodología basada en «tirar» impedía que se produjeran atascos, ya que el ritmo de la cadena se adaptaba a la fase más lenta. Esta transparencia, a su vez, ayudó a la plantilla a identificar los puntos en los que el sistema estaba desequilibrado. «Una bandeja siempre llena demostraba que, o bien la tarea posterior estaba yendo demasiado lenta o la anterior demasiado rápida —señalan los autores—. Una bandeja vacía al final del día quería decir que algo iba mal en la fase correspondiente». Las mejoras logradas gracias a este método fueron enormes. La tasa de utilización de las costosas máquinas de secuenciación del Instituto se duplicó con creces, mientras que el tiempo medio para procesar cada muestra cayó más del 85 %.

En el Broad Institute, la solución a la sobrecarga en su proceso de secuenciación genética fue pasar de un modelo basado en «empujar» a uno basado en «tirar». ¿Se podría aplicar la misma solución a los trabajadores del conocimiento que se frustran por la sobrecarga que les generan tantos correos electrónicos y solicitudes de proyectos? Es fascinante que los autores de este artículo de la *Management Review* también den respuesta a esta pregunta. Resulta que, tras observar la transformación del proceso de secuenciación, el equipo de desarrollo tecnológico de Broad —un grupo de informáticos profesionales encargado de diseñar nuevas herramientas digitales para ayudar a los científicos— decidió que ellos también experimentarían con un flujo de trabajo basado en «tirar».

Y es que, igual que ocurría con quienes trabajaban en la secuenciación, el equipo de desarrollo tecnológico sufría retrasos. «Tenían muchas más ideas de desarrollo tecnológico de las que podían explorar, y bastantes más proyectos en marcha de los que su saturado equipo de operaciones era capaz de poner en práctica», explican los autores. Cualquier ingeniero podía sacar a consideración una idea en cualquier momento y, puesto que aquellos ingenieros eran inteligentes, se les ocurrían muchas. El sistema pronto quedó atascado por su propia ambición desmedida. Si un proyecto se consideraba vital, se «agilizaba» haciendo que el equipo «lo dejara todo y se dedicara a él».

Así pues, los ingenieros se vieron de pronto haciendo malabares con más proyectos de los que podían gestionar, recibiendo un aluvión de prioridades y demandas de atención que cambiaban, además, de forma imprevisible.

Para resolver estos problemas, el equipo decidió cambiar el método de asignación de tareas. Al igual que con el proceso de secuenciación mejorado hacía poco, querían pasar de un sistema en el que las nuevas tareas se asignaban de manera aleatoria a otro en el que solo se asignaban cuando estaban preparados para ello. De cara a lograr este objetivo, en el espacio libre de una pared dibujaron un diagrama que incluía una casilla para cada paso de su proceso de diseño, empezando por la idea inicial y finalizando con las pruebas y la puesta en práctica. Cada proyecto estaba representado por una nota adhesiva en la pared, en la casilla correspondiente a la fase en la que se encontraba. Cada nota tenía el nombre de los ingenieros que trabajaban en el proyecto, lo cual dejaba bien claro qué estaba haciendo cada persona. El equipo se reunía una vez a la semana para comentar la situación de cada nota pegada a la pared. Si un proyecto estaba listo para pasar a la siguiente fase, el líder del equipo identificaba a los ingenieros con capacidad para asumir ese encargo, se añadían los nombres a la nota y se trasladaba a la siguiente fase. Así también era fácil ver si un proyecto se estaba atascando; ocurría cuando su nota había dejado de avanzar. En ese caso, otros ingenieros con tiempo disponible eran asignados al proyecto, o bien se tomaba la decisión de cancelarlo. Lo fundamental de este sistema es que evitaba que recayera sobre una sola persona una gran cantidad de trabajo, porque a un ingeniero solo se le podía asignar una nueva tarea si disponía de suficiente espacio, una medida que era fácil de determinar mirando cuántas veces salía su nombre en la pared. De esta manera, la saturación era imposible. No es de extrañar que, tras pasarse a esta estrategia más estructurada, el total de proyectos en marcha del equipo de desarrollo tecnológico se redujera casi un 50% y su ritmo de finalización aumentara de forma muy notable.

Inspirado en parte por este artículo, me he convencido en los últimos años de que los flujos de trabajo basados en «tirar» son una herramienta muy poderosa para evitar la sobrecarga en el contexto del trabajo del conocimiento. Si estás en condiciones de modificar el modo de organizar las tareas en tu empresa o en tu equipo, cambiar a una estrategia basada en «tirar» similar a la adoptada por el grupo de desarrollo tecnológico del Broad Institute te hará obtener enormes beneficios. Porque no solo terminarás los proyectos a un ritmo más rápido, sino que los miembros de tu equipo estarán felices con su recién descubierta liberación de tener demasiado que hacer.

Pero la cosa se complica en el caso de quienes no tienen control directo sobre la forma de asignar el trabajo. Si en tu empresa se sigue rindiendo culto a una productividad más acelerada, o si eres autónomo y tratas con clientes a quienes no les interesa aprender un sistema nuevo y complicado, puede parecer que un flujo de tareas basado en «empujar» es inevitable, pero no es así. Aunque no tengas el control total de tu entorno laboral, podrás aprovechar algunas de las ventajas del enfoque basado en «tirar», incluso de una forma más inteligente. La clave está en *simular* un sistema de asignación de tareas basado en este enfoque, de tal manera que la gente con la que trabajas ni siquiera se dé cuenta de que estás poniendo en práctica algo nuevo.

A continuación, expongo una estrategia de tres pasos que sirve para implementar un sistema simulado basado en el enfoque «tirar» para personas que no tienen control sobre los hábitos de sus colegas o clientes. Está claro que este sistema individualizado no es tan eficaz como poner a todo el mundo de acuerdo en abandonar el método de «empujar» las tareas, pero sigue siendo mucho mejor que resignarte a que el trabajo te llegue de todas partes y suspirar de frustración mientras tu metafórica bandeja de muestras empieza a desbordarse.

PRIMERA PARTE DEL MÉTODO BASADO EN «TIRAR»: LISTAS DE PROYECTOS EN DEPÓSITO Y ACTIVOS

El primer paso en la simulación de un flujo de trabajo basado en «tirar» es clasificar todos los proyectos con los que tienes cierto compromiso en este momento en una lista con dos partes: «en depósito» y «activos». (No importa qué formato utilices para guardarla, un archivo de texto en tu ordenador o una libreta, lo que te resulte más fácil). Recuerda que cuando digo «proyectos» me refiero a algo con la suficiente importancia como para requerir varias sesiones para completarlo. (Las estrategias para «contener» otros compromisos menos relevantes, a los que llamamos «tareas», se han comentado en la sección anterior). Cuando te llegue un nuevo proyecto, colócalo en el depósito de retención; esta parte de la lista tiene un tamaño ilimitado.

En cambio, la lista de proyectos activos debe estar limitada a tres como máximo. Luego, a la hora de programar tu tiempo, tendrás que prestar atención solo a los proyectos de tu lista activa. Cuando termines uno, podrás eliminarlo de la lista. De esta manera tendrás un hueco que podrás rellenar «tirando» de un proyecto de los que están en el depósito. Si se trata de un proyecto de más envergadura, es posible que quieras añadir a la lista de activos una cantidad razonable de trabajo para completarlo. Por ejemplo, si «escribir un libro» está en tu lista de depósito y tienes un hueco en la de activos, podrás, por ejemplo, añadir «escribir el siguiente capítulo del libro» para rellenar ese hueco. En este caso, el proyecto «escribir un libro» seguirá en la lista de depósito hasta que se termine del todo.

Manteniendo estas dos listas simulas la dinámica principal del flujo de tareas basado en «tirar». El número de temas en los que te implicas de forma activa está limitado a una pequeña cantidad fija. Esto te libera de la sensación de actividad frenética y minimiza el daño colateral del que hablábamos al principio del capítulo. Pero el problema está en que los colegas o clientes que «empujan» los proyectos hacia ti no conocen tu sistema simulado y pueden experimentar cierta frustración ante la evidente falta de avance en sus peticiones. Por tanto, para evitar un aluvión de quejas constantes tendrás que combinar tus listas con el procedimiento de admisión inteligente que te explicaré a continuación.

SEGUNDA PARTE DEL MÉTODO BASADO EN «TIRAR»: EL PROCESO DE ADMISIÓN

Cuando añadas un proyecto a tu lista de depósito es importante que informes a la parte interesada de lo que debe esperar. Envíale un mensaje de confirmación que reconozca el proyecto que te comprometes a asumir, pero también tiene que incluir los tres datos siguientes: (1) la solicitud de cualquier detalle adicional que necesites de la parte interesada antes de iniciar el proyecto, (2) un recuento de los proyectos existentes en tus listas, y (3) una estimación de cuándo esperas terminar el proyecto.

Luego etiqueta el proyecto con el tiempo estimado que has dado, para no olvidarte. Cuando tengas que hacer este cálculo, consulta las estimaciones de proyectos previos; te ayudarán a hacer una predicción más realista.

Aquí tienes un ejemplo de mensaje:

Hola, Hasini:

Quería retomar nuestra conversación de esta mañana y confirmar que me hago cargo de la tarea de actualizar la sección de clientes de nuestra web. Antes de empezar, necesitaría una lista de los elementos que crees que requiere esta sección (o un enlace a la web de otra empresa que consideres que nos puede servir de referencia). En este momento, tengo otros once proyectos en cola antes de este. Según otros trabajos similares, calculo que podré tenerlo listo cuatro semanas después de recibir la información que te solicito. Te mantendré informado, por supuesto, si tengo que modificar esta estimación.

Cal

Si te retrasas en un proyecto, actualiza tu estimación e informa sobre el retraso a la persona que te lo ha encargado. La clave aquí es la transparencia. Habla con claridad de lo que pasa y cumple tus promesas, aunque tengas que modificarlas. Nunca dejes que un proyecto caiga en el olvido; si tus colegas y clientes no confían en que lo harás, no dejarán de molestarte. Esta observación es básica si quieres tener éxito con este método. Muchas veces creemos que las personas con las que trabajamos solo se preocupan de obtener resultados lo antes posible, pero no es verdad; en la mayoría de los casos lo que quieren es encargar algo y no tener que preocuparse de si se cumplirá o no. De modo que, si confían en ti, te darán libertad para terminar cuando quieras. En otras palabras, la confianza triunfa sobre la rapidez.

Un beneficio secundario de un buen proceso de admisión es que suele llevar a la gente a retirar ciertas peticiones. Es bastante habitual, por ejemplo, que un superior asigne una tarea a un miembro de su equipo un poco al azar o por capricho, pero cuando se formaliza la solicitud y el superior ve que necesita dar más información y toma conciencia de la carga de trabajo actual, lo más normal es que acepte posponer el proyecto. A veces, un poco de tensión es todo lo que se necesita para reducir la afluencia de trabajo entrante.

TERCERA PARTE DEL MÉTODO BASADO EN «TIRAR»: LIMPIEZA DE LA LISTA

Deberías actualizar y limpiar tus listas una vez por semana. Además de incorporar nuevos trabajos para llenar los huecos en tu lista de proyectos activos, es conveniente revisar los plazos de entrega que se cumplen pronto. Prioriza los proyectos que tengas que acabar antes y envía actualizaciones de cualquier trabajo que sepas que no terminarás en la fecha prevista. Estas sesiones de limpieza también son una buena oportunidad para eliminar de tu lista de depósito los proyectos que están estancados. Por ejemplo, si retrasas siempre la ejecución del mismo proyecto, esto puede ser señal de que no eres capaz de encargarte de él o que está fuera de tu zona de confort.

En estos casos, considera la posibilidad de hablarlo con sinceridad con quien te lo encargó y pedirle que te libere de esa obligación:

> *Sé que dije que actualizaría la sección de nuevos clientes de*
> *nuestra web, pero, como habrás notado, estoy siempre*
> *retrasando el trabajo. Creo que esto es señal de que en*
> *realidad no sé lo suficiente acerca de lo que tratamos de*

lograr como para progresar. Así que, si no tienes nada en contra, me gustaría eliminarlo de mi lista por ahora. Creo que para avanzar en este objetivo necesitaríamos ayuda del equipo de desarrollo de la web.

Por último, para limpiar tus listas, busca los proyectos que ahora son innecesarios o han quedado obsoletos por los nuevos desarrollos. A lo mejor esa página de clientes que has de actualizar se ha vuelto irrelevante una vez que tu jefe ha decidido contratar a una empresa para rediseñar toda la web corporativa. En estos casos, elimina los proyectos desfasados de tus listas, pero antes de hacerlo envía una nota rápida a la parte interesada haciéndoselo saber. Recuerda que la transparencia es básica para que este método funcione.

4 | TRABAJA A UN RITMO NATURAL

El segundo principio de la slow productivity

La idea surgió de repente. Era el verano de 2021 y estaba de vacaciones en Maine, sentado en el jardín de la casita que habíamos alquilado frente al puerto de York. Estaba leyendo *Historia de la ciencia,* el maravilloso libro que John Gribbin había publicado en 2002, en el que presenta las biografías de los grandes teóricos e inventores que desarrollaron la ciencia moderna. Lo que me sorprendió fueron dos observaciones contradictorias que, sin embargo, parecían ciertas. Estos grandes científicos del pasado fueron «productivos» según todas las definiciones comunes del término. ¿De qué otra manera podríamos definirlos si cambiaron de forma literal nuestra comprensión del universo? De todas formas, el ritmo con el que se afanaban en sus trascendentales descubrimientos parecía, según los estándares modernos, desigual y, en algunos casos, casi lento.

Veamos un ejemplo: las ideas revolucionarias de Copérnico sobre el movimiento planetario surgieron a raíz de un comentario sobre Tolomeo, publicado en 1496, que leyó el joven astrónomo cuando tenía 23 años. Pero no fue hasta 1510 que Copérnico consiguió plasmar sus teorías en un borrador que pasó a sus amigos. Luego tardó aún tres décadas más en publicar su obra maestra, *Sobre las revoluciones de las esferas celestes*. Y Tycho Brahe —cuya cuidadosa recopilación de datos astronómicos sentaría las bases para la aceptación de las teorías de Copérnico— no fue más rápido que este: sus clásicas observaciones sobre el cometa que cruzó el cielo de Europa en 1577 no se acabaron de analizar y publicar hasta 1588.

La urgencia de la física fue igual de escasa. Galileo utilizó su pulso para cronometrar el balanceo de las lámparas de araña en la catedral de Pisa en 1584 o 1585, pero no llevó a cabo los experimentos que le permitirían identificar las leyes del movimiento del péndulo hasta 1602. Isaac Newton empezó a pensar en serio sobre la gravedad en el verano de 1655, tras huir de una epidemia en Cambridge y refugiarse en la tranquila región de Lincolnshire. Hasta 1670 no sintió que dominaba la ley de la inversa del cuadrado, y hasta pasados otros 15 años no publicó sus teorías, que cambiaron los paradigmas científicos.*

---

* Como señala John Gribbin, Newton publicaría más adelante la historia de la manzana que cae del árbol como una manera de situar su descubrimiento de la ley de la inversa del cuadrado de la gravitación en aquella primera visita a Lincolnshire en 1655. Pero era puro marketing: sus escritos de ese periodo dejan claro que tales ideas fueron emergiendo de forma gradual a lo largo de varios *años a partir* de 1655. Para más información, recomiendo el libro de John Gribbin *The Scientists: A History of Science Told through the Lives of Its Greatest Inventors* (Nueva York: Random House Trade Paperbacks, 2004), 185-286.

Este ritmo pausado no fue exclusivo del Renacimiento y el Barroco. Si nos trasladamos al verano de 1896 hallaremos a Marie Curie inmersa en una serie de experimentos sobre la *radioactividad* —término que acababa de acuñar— de una sustancia llamada «pechblenda». Curie estaba convencida de que la pechblenda contenía un elemento muy activo que todavía no había sido identificado por la ciencia. Se trataba, pues, de un asunto de gran relevancia; aislar y describir un elemento de este tipo sería un descubrimiento que marcaría su carrera y la llevaría a merecer incluso el premio Nobel. En ese preciso momento Marie, junto con su marido Pierre y su hija recién nacida, decidió abandonar su modesto apartamento en París y retirarse a la campiña francesa para tomarse unas prolongadas vacaciones. Allí, según la biografía elaborada por su hija Eve, «escalaban montañas, visitaban grutas y se bañaban en los ríos».

Y mientras yo mismo estaba en Maine ese verano preparé un breve ensayo sobre estas observaciones, que titulé «Sobre el ritmo y la productividad». En él señalaba que, para entender la productividad, *la escala de tiempo importa*. Cuando analizas los esfuerzos de pensadores históricos como Copérnico y Newton bajo el prisma de la escala rápida de los días y las semanas, te pueden parecer irregulares y lentos; pero si los miras bajo el prisma de la escala lenta de los años parecen de repente innegables y muy fructíferos. Cuando siete años más tarde Marie Curie recibió en Estocolmo el primero de los dos premios Nobel que le otorgaron en su vida, aquellas vacaciones de 1896 en la campiña francesa quedaban ya lejos en su memoria.

En el tiempo transcurrido desde que tuve esta idea en Maine, he elaborado mi teoría sobre las formas en que el ritmo de trabajo afecta a nuestros esfuerzos profesionales. En la forma de trabajar de hoy en día está claro que tendemos a evaluar nuestras iniciativas a escala rápida. Y no es de extrañar. Como he comentado en la primera parte del libro, cuando en el siglo xx el trabajo del conocimiento se convirtió en un sector económico relevante, reaccionamos a la conmoción de esta novedad adaptando las apresuradas nociones industriales de la productividad. Pero, como nos recuerda John Gribbin, esta no es la única forma de concebir el ritmo de trabajo.

Los grandes científicos de épocas pasadas habrían considerado nuestra urgencia como algo contraproducente y demasiado frenético. Les interesaba lo que podían producir a lo largo de su vida, y no en un breve periodo. Sin un jefe que los vigilara o una clientela que les exigiera responder con premura a sus correos electrónicos no notaban la presión de permanecer siempre ocupados, sino que se sentían cómodos prolongando sus proyectos y adoptando un ritmo más indulgente y variable en su trabajo. Curie no fue la única que decidió retirarse un verano a reflexionar y recargar pilas. El mismo Galileo disfrutaba yendo a visitar a sus amigos en una villa de un pueblo cerca de Padua. Una vez allí, se dedicaba a dar largos paseos por las montañas y a dormir en una habitación que se refrescaba de una manera ingeniosa, gracias a una serie de conductos que transportaban aire frío desde unas cuevas cercanas.* Y Newton, por supuesto, hacía múltiples y largas visitas a Lincolnshire, el hogar del famoso manzano.

---

* Este sistema distaba mucho de ser perfecto. Cuenta Gribbin que una desafortunada noche, los gases nocivos de las cuevas se colaron por los conductos, provocando a Galileo y sus dos compañeros de habitación una grave enfermedad que acabaría con la vida de uno de ellos y dejaría a Galileo enfermo para el resto de su vida. Gribbin, *The Scientists,* 80.

Por encima de todo, estos científicos tendían a adoptar una perspectiva sobre sus esfuerzos profesionales más filosófica que instrumental. Ya en la *Ética a Nicómano*, un libro que debía ser conocido por cualquier pensador serio de la época de Copérnico en adelante, Aristóteles identificaba la contemplación profunda como la actividad más humana y digna de todas. El estilo de vida de los científicos, siguiendo esta lógica, tenía valor en sí mismo, con independencia de cualquier logro específico. Las prisas no tenían ningún valor, ya que el propio trabajo proporcionaba la recompensa. Esta mentalidad defendía una manera de ver las actividades profesionales al estilo renacentista como un elemento entre muchos de los que contribuyen a una existencia floreciente. «Galileo tuvo una vida privada plena —afirma Gribbin—. Estudiaba literatura y poesía, asistía con asiduidad al teatro y continuaba tocando el laúd a un gran nivel».

El segundo principio de la *slow productivity* defiende que estos famosos científicos tenían razón. Nuestra agotadora tendencia a trabajar sin descanso, hora tras hora, día tras días, mes tras mes, es más arbitraria de lo que pensamos. Es cierto que mucha gente tiene jefes o clientes muy exigentes, pero no siempre son ellos los que les dictan cada detalle de su agenda; a menudo, son sus propias angustias las que desempeñan el papel del jefe más implacable. La mayoría padecemos unos plazos de tiempo muy exigentes y una carga de trabajo inmanejable porque nos inquieta dar un paso atrás en el agotamiento anestésico de la actividad frenética.

En cambio, los científicos apuntan a un método alternativo de organizar el trabajo en el que concedamos más espacio a nuestros esfuerzos para que se puedan prolongar más y se desarrollen a unos niveles de intensidad variables. Este planteamiento no solo es más sostenible y humano, sino también una mejor estrategia a largo plazo para producir resultados relevantes. En el siglo XVI, la vida profesional de Galileo era más ociosa y menos intensa que la de muchos trabajadores del conocimiento del siglo XXI. Y, sin embargo, consiguió cambiar el curso de la historia intelectual humana.

Podemos condensar estas ideas en un principio formulado de la siguiente manera:

SEGUNDO PRINCIPIO:
TRABAJA A UN RITMO NATURAL

No te apresures en tus trabajos básicos. Deja que se desarrollen en un plazo de tiempo sostenible, con variaciones en intensidad y en entornos propicios a la excelencia.

En los siguientes apartados daré mis argumentos a favor de trabajar a un ritmo más relajado. Existe una razón por la que todos estos científicos convergieron en el mismo enfoque, más reflexivo, sobre sus esfuerzos: es mucho más natural que la actividad frenética homogénea que define hoy en día la jornada laboral. Luego presentaré una serie de propuestas sobre cómo poner en práctica este segundo principio en tu vida profesional. Profundizaremos en los detalles de la táctica cronológica más inteligente y de las temporadas relajadas simuladas. Pero más importante que estas sugerencias concretas es el mensaje general que quiero transmitir con este capítulo. La *slow productivity* rechaza de plano las recompensas al rendimiento de la urgencia permanente, porque siempre habrá algo más que hacer. Deberías conceder a tus tareas el espacio y el respeto requeridos para que pasen a formar parte de una vida bien vivida y no se conviertan en un obstáculo.

De la búsqueda de alimento a la fábrica invisible; o por qué los trabajadores del conocimiento deberían volver a un ritmo de trabajo más natural

En el otoño de 1963, el joven antropólogo Richard Lee viajó a la región de Dobe, al noroeste del desierto del Kalahari, en el sur de África. Iba a vivir con la comunidad conocida ju/'hoansi, formada por unos 460 individuos repartidos en 14 campamentos independientes. Esta área del Kalahari era semiárida y cada dos o tres años sufría una gran sequía, que fue lo que llevó a Lee a describir la zona como un «entorno marginal sin condiciones de habitabilidad». Esto hacía que el territorio de los ju/'hoansi fuera bastante menos que deseable para granjeros y ganaderos, lo que permitió a esta comunidad vivir aislada hasta bien entrado el siglo XX.

Más tarde Lee explicaría que tampoco vivían aislados del todo. Cuando él llego, por ejemplo, estaban negociando con los pastores de la cercana Tswana, y entre las patrullas coloniales había algún europeo. Pero la falta de contacto regular y a gran escala con la economía local hacía que la comunidad ju/'hoansi siguiera dependiendo ante todo de la caza y la recolección para su sustento. En aquella época se creía que obtener alimentos sin la estabilidad y la abundancia de la agricultura era peligroso y agotador. Lee quería saber si esto era cierto.

Los humanos más o menos similares al actual llevamos en la tierra unos 300.000 años y, excepto en los últimos 10.000, vivíamos como cazadores y recolectores seminómadas. Estos periodos son lo bastante largos como para que la lógica de la selección natural adaptara nuestros cuerpos y cerebros a una existencia en la que la experiencia del «trabajo» se centraba en la búsqueda de alimento. Por lo tanto, cuando queramos entender los puntos de fricción que se dan en la vida laboral actual, un buen punto de partida podría ser identificar las diferencias entre nuestras rutinas laborales y lo que esperaban nuestros antecesores prehistóricos al evolucionar.

El problema de esta propuesta es que no hay humanos prehistóricos vivos y que los yacimientos arqueológicos no proporcionan más que atisbos de las realidades de esa época. Por suerte, la antropología moderna, basada en el trabajo pionero de Richard Lee, ha identificado una solución parcial a este problema: estudiar al detalle las cada vez menos comunidades que todavía dependen de la caza y la recolección para su sustento. Los investigadores como Lee no han tardado en resaltar que estas *no* son restos de una antigua era, sino individuos modernos que viven en y se conectan al mundo actual. Gracias a estos ejemplos gozamos de una comprensión más global de las realidades diarias de la caza y la recolección como medio principal de supervivencia, así como de una mirada más detallada de lo que el «trabajo» significa para la mayor parte de la existencia humana.

Tras 15 meses de trabajo de campo llevado a cabo entre el otoño de 1963 y principios del invierno de 1965, Lee estaba listo para presentar al mundo sus resultados. Con su colaborador habitual, Irven DeVore, organizó un macrocongreso en Chicago la primavera siguiente; lo denominó «El hombre cazador» y en él prometía dar a la antropología «el primer estudio intensivo de una etapa crucial del desarrollo humano, la que fuera la forma universal de vida cazadora del hombre». El clamor que rodeó al acontecimiento fue tal que el eminente antropólogo francés Claude Lévi-Strauss viajó a América para asistir.

Lee acaparó la atención con una ponencia que describía los resultados obtenidos a partir del tiempo que había pasado con la comunidad ju/'hoansi. El informe comenzaba repitiendo la común suposición de que la vida de los cazadores-recolectores es «en general, una lucha precaria y ardua por la existencia», y luego presentaba datos que contradecían esa idea. La comunidad que Lee estudió resultó estar bien alimentada: consumían más de 2000 calorías diarias, incluso durante una histórica sequía ocurrida en Botsuana. Igual de chocante fue la observación de que los ju/'hoansi parecían trabajar menos que los agricultores de las zonas de alrededor. Según los datos de Lee, los adultos que él estudió pasaban, por término medio, unas 20 horas semanales buscando alimento y otras 20 haciendo otras actividades, lo que les proporcionaba abundante tiempo libre.

Lee concluye que, a partir de estas observaciones contemporáneas, podemos deducir muchas cosas sobre la relación de nuestros antepasados con el trabajo:

Los bosquimanos de la zona del Dobe viven bien a base de plantas silvestres y carne, a pesar de estar confinados en la parte menos productiva de la cordillera en la que se encontró a los primeros bosquimanos. Es probable, pues, que estos cazadores y recolectores tuvieran en el pasado una base de subsistencia aún más importante.

Como era de esperar, este primer estudio sobre el estilo de vida de los cazadores-recolectores generó una gran cantidad de críticas. Por ejemplo, se dijo que el método que Lee utilizó para recopilar la información era tal vez poco preciso, o que no estaba codificando bien las actividades relevantes como «trabajo». Pero, en general, su teoría de que a partir del estudio de las comunidades cazadoras-recolectoras modernas podemos aprender sobre las economías antiguas resultó muy influyente.

Hay una instantánea más refinada del tipo de datos que Lee se propuso recabar en el trabajo mucho más reciente de un equipo de investigación dirigido por Mark Dyble, en la actualidad profesor de Antropología Evolutiva en la Universidad de Cambridge. Según figura en un artículo de referencia publicado en 2019 en *Nature Human Behaviour*, Dyble y su equipo se dispusieron a replicar el estudio de Lee, pero esta vez utilizando métodos más actuales. Se fueron a observar a la comunidad agta, en el norte de Filipinas, muy apropiada para la comparación de diferentes modelos de subsistencia, puesto que algunos individuos seguían dependiendo de la caza y la recolección, mientras que otros habían cambiado recientemente al cultivo del arroz. Ambos grupos compartían cultura y entorno, lo que facilitó una comparación más nítida entre las dos técnicas de adquisición de alimentos. El equipo de Dyble optó por alejarse del método utilizado por Lee, en el que se intenta recabar todas las actividades cotidianas de las personas (lo cual resulta bastante difícil); en su lugar emplearon el método más moderno de muestreo de experiencias, en el que, a intervalos generados de una manera aleatoria, se registra lo que hacen las personas en ese preciso momento. El objetivo era calcular, para agricultores y recolectores, la proporción relativa de muestras dedicadas al ocio frente a las actividades laborales.

«El grupo que se dedicaba solo a la búsqueda de comida pasaba entre el 40 y el 50 % de las horas diurnas ocioso —me dijo Dyble cuando le pedí que me resumiera los resultados—, frente a algo más del 30 % para quienes se dedicaban a la agricultura». Sus datos validan la afirmación de Lee de que los cazadores-recolectores tienen más tiempo de ocio que los agricultores, aunque quizá la diferencia no fuera tanta como él sostuvo. Pero en estas cifras falta una observación igual de esencial, y es cómo se *distribuía* este tiempo de ocio a lo largo del día. Dyble explica que mientras los agricultores hacían un «trabajo monótono y continuado», el ritmo de los cazadores-recolectores era más variado, con largas pausas intercaladas en las tareas cotidianas. «Los viajes de caza requerían largas caminatas por el bosque, por lo que podían estar fuera de casa todo el día, pero tenían descansos —me contó Dyble—. En el tema de la pesca, por ejemplo, hay altibajos [...] solo un pequeño porcentaje del tiempo se dedica a la pesca en sí».

Lo que nos interesa de este estudio es la naturaleza desigual de los esfuerzos de los recolectores. Así, un comienzo agotador de una expedición de pesca puede permitir luego una larga siesta en el barco, cuando el mar está en calma. Después de un extenuante viaje de caza podían estar varios días descansando, sin hacer casi nada. En cambio, los cultivadores de arroz de la comunidad agta trabajan de sol a sol, plantando o cosechando. En comparación con los de sus hermanos buscadores de alimentos, estos trabajos agrícolas le parecieron a Dyble «monótonos». Tal comparación destaca el nivel de transformación de nuestra experiencia de trabajo en el pasado reciente de la especie humana. El paso desde la caza y la recolección a la agricultura (la llamada Revolución neolítica) se aceleró hace tan solo unos 12.000 años. En la época del Imperio romano, la búsqueda de alimento había desaparecido casi por completo de la actividad de las comunidades humanas; esta reorientación hacia la agricultura arrojó a toda la humanidad a un estado similar al de la comunidad agta del arroz, y a enfrentarse con algo nuevo, que es la monotonía del trabajo invariable, todo el día y todos los días.

Lo único salvable de este escenario es que la agricultura no exige un esfuerzo homogéneo todo el año, ya que las ajetreadas siembra y recolección de las cosechas se ven contrarrestadas por la tranquilidad del invierno. Y la humanidad desarrolló enseguida rituales para estructurar y dar sentido a estos ritmos intermitentes. Así, las fiestas de la vendimia compensaban el intenso trabajo que había que hacer cada otoño para recolectar la cosecha, mientras que las recargadas celebraciones de invierno ayudaban a dar sentido a la ociosidad de los oscuros meses siguientes. Para los antiguos pueblos germánicos, por ejemplo, las fiestas de Yule —que duraban varios días, estaban repletas de sacrificios de animales y donde se veneraba a los muertos alrededor de una fogata— hicieron más llevaderos los días más cortos del año.

La Revolución industrial acabó con los últimos vestigios de variedad en los trabajos. Primero el molino de fuerza y luego la fábrica hicieron que cada día fuera un día de recolección, es decir, un trabajo continuado y monótono. Desaparecieron los cambios estacionales y los rituales para dar sentido a las cosas. Marx, pese a sus defectos y extralimitaciones, dio en el clavo con su teoría de la alienación (*entfremdung*), que sostiene que el orden industrial nos saca de nuestra naturaleza humana básica. Como es lógico, la clase trabajadora acabó rebelándose contra esta desalentadora situación, y exigió reformas legislativas; un ejemplo de ello es la Ley de Normas Justas de Trabajo, aprobada en 1938 por el Congreso de los Estados Unidos, que fijaba la semana laboral en 40 horas y limitaba así la parte del día que se puede dedicar a un esfuerzo monótono sin remuneración suplementaria. También se fundaron los sindicatos para contrarrestar los aspectos más deshumanizantes de la industrialización. Es decir, si vamos a tener que dedicar nuestros días a actividades que nos alienan de nuestra naturaleza, queremos hacerlo, en la medida de lo posible, bajo nuestros propios términos.

Entonces entró en escena el sector del trabajo del conocimiento. Como ya comenté en la primera parte del libro, la clase dirigente no sabía cómo gestionar la autonomía y la variedad de funciones en este sector emergente. Su solución provisional fue la seudoproductividad, que usaba la actividad visible para medir la utilidad. Bajo esta configuración dimos otro paso atrás, ya que seguíamos (como en el sector industrial) trabajando todo el día, cada día, sin cambios estacionales, puesto que cualquier variación de este tipo sería ahora considerada improductividad. Pero, a diferencia del sector industrial, en esta *fábrica invisible* que habíamos construido no disponíamos de reforma legislativa ni sindicatos para identificar los aspectos más agotadores del sistema y luchar por ponerles límite. El trabajo del conocimiento no tenía impedimentos para llenar toda nuestra existencia: colonizando gran parte de nuestro tiempo, de la mañana a la noche, los fines de semana y las vacaciones, y todo lo que pudiéramos soportar; y nos dejaba pocas opciones aparte del burnout, el descenso de categoría o la renuncia cuando la carga de trabajo era exagerada. Este alejamiento de los ritmos de trabajo habituales en los primeros 280.000 años de la existencia de nuestra especie era ahora total.

Sin embargo, detrás de este agotamiento hay indicios de un futuro mejor. El trabajo monótono es inevitable cuando te dedicas a la agricultura o trabajas en una cadena de montaje; aunque puedes mitigar sus peores consecuencias a base de rituales y leyes. Lo que no está tan claro es si esta intensidad invariable es igual de inevitable en el trabajo del conocimiento. Nos esforzamos todo el día para satisfacer las exigencias de la seudoproductividad, y no porque el trabajo cognitivo cualificado requiera una atención constante. De hecho, hay pruebas de que esos ritmos de trabajo del estilo industrial *reducen* la eficacia. Recordemos que los científicos con los que iniciamos este capítulo aprovecharon la libertad de sus situaciones poco comunes para poner en práctica un ritmo de trabajo variable que se parecía más al de un recolector agta que al de alguien que trabaja hoy en día en una oficina. Estos «trabajadores del conocimiento tradicionales», al tener la libertad de actuar como quisieran, regresaron (como es lógico) a unos niveles de esfuerzo más variados, para los que el ser humano está programado.

Y aquí hallamos la justificación del segundo principio de la *slow productivity*. Trabajar con una intensidad incesante es artificial e insostenible. Al principio nos puede parecer muy eficaz, pero cuando este ritmo se prolonga nos aleja de nuestra naturaleza, nos genera sufrimiento y, desde una perspectiva estrictamente económica, es casi seguro que nos impide desarrollar nuestras plenas capacidades. Un ritmo de trabajo más natural, lento y variado es la base de la verdadera productividad a largo plazo. A continuación, presento una serie de propuestas para poner en práctica estos cambios en tu vida profesional. La mayoría no tenemos la posibilidad que tuvo Marie Curie de irnos de vacaciones varios meses para despejar la mente; pero, si aprovechamos bien la autonomía y ambigüedad presentes en la mayoría de los trabajos actuales del sector del conocimiento, puede que nos sorprenda comprobar hasta qué punto podemos transformar el ritmo de trabajo en algo mucho más... humano, a falta de una palabra mejor.

Propuesta: no te apresures

Lin-Manuel Miranda redactó el primer borrador de *In the Heights* en su segundo año en la universidad Wesleyan. La primera función de su espectáculo —que luego ganaría varios premios Tony— tuvo lugar en un teatro universitario en la primavera del año 2000. Tenía 20 años. Su precocidad en el mundo del espectáculo ha pasado a formar parte de la tradición de los Miranda, él fue la revelación inicial de un talento generacional. Lo que no se suele contar es lo ocurrido entre esa primera función y su triunfal representación en Broadway, ocho años después.

El musical de un acto que presentó Miranda en el año 2000 era bastante diferente al de dos horas y media de música y espectacular coreografía que se estrenó en el Richard Rodgers Theatre. En el ya clásico artículo de Rebecca Mead sobre Miranda en un número del *New Yorker* de 2015, la versión de *In the Heights* de aquel universitario era una historia bastante trillada sobre el típico triángulo amoroso. Aquel musical no fue recibido precisamente con entusiasmo por sus compañeros. En una entrevista que Marc Maron le hizo años después, Miranda contó que en la Universidad Wesleyan la cultura estaba más orientada al drama experimental, y su interés por las producciones musicales lo enfrentó a sus compañeros de clase. «Intentar representar musicales en Wesleyan era muy difícil», dijo. Por tanto, dejó a un lado el hip-hop y trasladó su atención al proyecto fin de carrera, una producción poco memorable titulada *On Borrowed Time*. Tras graduarse, aceptó un puesto de profesor suplente, pero su padre le obligó a matricularse en Derecho.

El caso es que no todo el mundo rechazó *In the Heights*. Es cierto que el estilo de redacción era propio de un joven universitario, pero la música resultaba especial. «Esa mezcla de música latina y hip-hop era muy potente. Había algo en ese ritmo», recuerda Miranda. Thomas Kail, que llevaba dos años más que él en Wesleyan, se acordaba del musical. Poco después de que Miranda se graduara, quedaron para hablar de las posibilidades del musical y empezaron a trabajar juntos para mejorar la música y las letras. Kail asumió el rol informal de director del espectáculo, que estaba en fase embrionaria. Este dúo enseguida congenió con otros dos graduados de la misma universidad, John Buffalo Mailer y Neil Stewart, que habían fundado una compañía de teatro en Nueva York, Back House Productions, con la que empezaron a escenificar las lecturas de sus obras.

La rápida espiral de *feedback* generada por estas minirrepresentaciones repetidas ayudaron a Miranda a encontrar su voz musical definitiva, pero la letra seguía siendo floja. Para resolver este problema decidieron incluir en el proyecto al joven y talentoso guionista Quiara Alegría Hudes, que en 2012 ganaría un premio Pulitzer. En otoño de 2004, presentaron *In the Heights* en el Congreso Nacional del Teatro Musical, que tenía lugar en el Eugene O'Neill Theater Center de Waterford, Connecticut, y que había sido creado para ayudar a incubar nuevas producciones musicales. Su musical fue seleccionado y el grupo, que había incorporado también al director musical Alex Lacamoire, se trasladó a Connecticut para dedicarse de lleno al desarrollo de una producción más elaborada.

Entonces las cosas empezaron a encajar para el musical. Hudes simplificó la historia de los personajes para dar más énfasis al barrio de Washington Heights, en el que se ambienta la obra. «Vimos claro tras la representación en el O'Neill que el barrio era la historia de amor central», explica Kail. Además, esta función en Connecticut atrajo la atención de varios productores de Broadway que se mostraron dispuestos a ayudarles económicamente. Pero quedaba mucho trabajo por hacer hasta que el espectáculo estuviera listo para un público de pago. En 2007 —cinco años después de que Miranda empezara a trabajar en serio con Kail en el musical, y siete desde que se estrenara en Wesleyan— *In the Heights* hizo su debut en un teatro profesional, aunque todavía faltaba un año para que diera el salto a Broadway y Miranda ganara su Tony.*

En la historia de Lin-Manuel Miranda vemos un ejemplo claro de uno de los patrones que hemos identificado en la vida de los grandes científicos, y es que se tomó su tiempo, dejando que el desarrollo

---

* Unos meses después de estos triunfos, Miranda estaba tumbado junto a una piscina, disfrutando de unas merecidas vacaciones en México, pero no conseguía relajarse, porque un libro que había comprado de manera impulsiva antes del viaje le había robado la atención. Era la biografía de Alexander Hamilton.

creativo de su obra se llevara a cabo de una manera lenta, a lo largo de siete años. Es evidente que hubo muchos momentos en este periodo en los que tuvo que dedicar toda su atención a *In the Heights*, pero también hubo otros en los que pudo diversificarla hacia otros proyectos; durante estos años, además de trabajar como profesor suplente, escribía una columna y reseñas sobre restaurantes para el *Manhattan Times*. También hacía giras internacionales con Freestyle Love Supreme, una troupe cómica y de rap que había fundado, y trabajaba con Stephen Sondheim, a quien había conocido en Wesleyan, en la traducción al español de las canciones para el estreno en Broadway de *West Side Story*.

Ten en cuenta que la mentalidad de la seudoproductividad va en contra de dispersar la atención en otras tareas que no sean el proyecto principal, ya que considera que el tiempo que no pasamos trabajando en nuestros objetivos más significativos es tiempo perdido. Para un defensor acérrimo de esta filosofía de la rapidez, ver a Miranda en los 2000 gastando su energía con números de *freestyle rap* en su troupe Freestyle Love Supreme o escribiendo columnas para un pequeño periódico habría sido decepcionante, la pérdida de un gran talento. En cambio, la *slow productivity* considera que este ritmo pausado no tiene más que ventajas. Los frecuentes comienzos en frío inyectan más creatividad a tus iniciativas, un efecto que Miranda supo aprovechar en la irregular pero insistente mejora de *In the Heights*. Además, le permitió explorar y desarrollarse como creativo y ser humano. El universitario Miranda no tenía confianza, experiencia o interés suficientes para producir una versión de su espectáculo del calibre de los de Broadway; tenía que pasar un tiempo para que su grandeza emergiera del todo.

El segundo principio de la *slow productivity* pide que abordes tu trabajo con un ritmo más natural. Y esta propuesta nos da la primera de las tres ideas para alcanzar este objetivo: seguir el ejemplo de Lin-Manuel Miranda y sentir comodidad al dedicar más tiempo a los proyectos esenciales. Pero esta petición es arriesgada, ya que la línea que separa un producción creativa lenta pero continuada (como la de Miranda) de la procrastinación pura y dura es muy fina. El motivo de que sea tan popular el ritmo frenético del Mes Nacional de Escritura de Novelas es que mucha gente no confía en volver a trabajar en un proyecto difícil una vez disipado su ardor inicial. Los consejos que presento a continuación están pensados para compensar estos miedos; ofrecen una estructura para cuando intentes tomarte más tiempo, lo que te permitirá mantener el impulso para producir cosas significativas, evitando al mismo tiempo la sensación frenética de que siempre hay más cosas que hacer ahora mismo.

TRAZA UN PLAN A CINCO AÑOS

La mayoría de la gente limita su planificación a largo plazo a unos pocos meses. Puede que tu objetivo sea, por ejemplo, redactar y enviar un trabajo académico a finales de otoño, o introducir un nuevo producto en el mercado en verano. Es cierto que resulta necesario planificar a esta escala, porque si no lo hicieras podrías acabar en una situación de estancamiento en exigencias superficiales, sin llegar a avanzar en nada relevante. Mi consejo es que elabores un plan que abarque un periodo más largo; por ejemplo, qué te gustaría lograr en los próximos cinco años. Está claro que esta elección temporal es arbitraria, elige la cantidad de tiempo que más encaje en tu situación: si acabas de empezar un grado de cuatro años, por ejemplo, tendría más sentido que tu plan fuera a cuatro años vista. Lo importante es que el horizonte temporal incluya por lo menos varios años.

Como ejemplo voy a explicar el mío. Cuando empecé el programa de doctorado de Ciencias Informáticas en el MIT acababa de enviar el manuscrito de mi primer libro a Random House. Sabía que además de mi trayectoria académica quería ser escritor, pero también sabía que las exigencias inmediatas del MIT podrían, si no las controlaba, alejarme de ese objetivo. Para evitarlo, detallé mi propósito para los cinco años siguientes. Decidí que hallaría la manera de seguir publicando libros mientras estudiaba. Quería acabar en el MIT como autor reconocido, con varios títulos a mi nombre, aunque para ello tuviera que pasar por periodos de estrés e inseguridad.

Este plan a largo plazo hizo que me mantuviera firme en mi compromiso con la escritura, pero también me dio el respiro que necesitaba para sentirme cómodo cuando el progreso no fuera inmediato. Al haber elaborado mi visión basándome en una escala de varios años, pude soportar periodos de mucho trabajo en los que las exigencias académicas me dejaban poco espacio para escribir. Y también las interrupciones prolongadas entre libros, durante las cuales me preguntaba qué quería escribir a continuación. Por ejemplo, en el tiempo transcurrido entre mi segundo y tercer libro experimenté con estilos nuevos, tanto en mi blog como en los encargos de escritura que me hacían. Intentaba ir poco a poco, sentando las bases para pasar de redactar guías de orientación para estudiantes —que tenían mucho éxito— a libros más serios de géneros en los que todavía no tenía presencia. Mi plan a largo plazo posibilitó este desarrollo gradual como escritor. Así podía explorar sin sentir que me había rendido. Quería escribir varios libros antes de graduarme, pero había muchos caminos para llegar a ese objetivo.

La idea de que añadir *más* planes a tu vida te ayudará a desacelerar puede parecer contradictoria. La clave está en el modo en que esta estrategia expande las escalas de tiempo en las que se evalúa tu productividad. Lin-Manuel Miranda no trabajó sin parar en el musical *In the Heights* los años siguientes a su graduación en Wesleyan, pero no dejó de retomarlo una y otra vez, hasta convertirlo en algo digno de consideración. Y este ritmo lento pero continuado solo fue posible en el contexto de una visión a largo plazo.

MULTIPLICA POR DOS LOS PLAZOS DE TUS PROYECTOS

Pasemos ahora de los planes multianuales a replantearnos cómo organizar el trabajo para los próximos meses. Lo normal es que los planes a medio plazo incluyan proyectos completos, como el lanzamiento de una web, o hitos de un proyecto de más envergadura, como escribir los tres primeros capítulos de un libro. Tu objetivo para este periodo tendrá un impacto significativo en la velocidad de tu trabajo. Si eres una persona muy ambiciosa, mantendrás una intensidad alta mientras te centras en cumplir tus objetivos. Por el contrario, si te das tiempo más que suficiente, tu ritmo de trabajo será más natural. Una técnica sencilla para conseguir esto consiste en *multiplicar por dos* los plazos que hayas definido como razonables para tus próximos proyectos. Por ejemplo, si tu instinto inicial es planificar pasarte dos semanas trabajando en el lanzamiento de una nueva web, revísalo y date un mes entero. De la misma manera, si consideras razonable escribir cuatro capítulos de un libro entre septiembre y diciembre, cambia este plan para exigirte preparar solo dos.

Es bien sabido que a los seres humanos no se nos da bien calcular el tiempo que necesitamos para llevar a cabo trabajos cognitivos. Estamos programados para comprender las exigencias de los esfuerzos tangibles, como fabricar un hacha o recolectar vegetales, pero cuando se trata de planificar objetivos para los que no tenemos una intuición física solemos especular más de lo que creemos, lo que nos lleva a establecer hipótesis más optimistas sobre el tiempo que podría llevarnos hacer algo. Es como si buscáramos la emoción que surge de imaginar un calendario muy ambicioso: «Guau, si pudiera terminar cuatro capítulos este otoño, ¡me adelantaría mucho a mi calendario!». En el momento uno se siente bien, pero al cabo de unos días empieza a notar cierta confusión y desilusión.

Si sigues mi consejo y multiplicas por dos tus cálculos iniciales, contrarrestarás este injustificado instinto optimista y, como resultado, cumplirás tus planes a un ritmo más relajado. El miedo de este planteamiento es que, duplicando los plazos, sufras una reducción drástica de tus logros, pero piensa que en realidad tus planes originales nunca fueron realistas ni sostenibles. Un principio fundamental de la *slow productivity* es que los grandes logros se consiguen sobre la acumulación constante de resultados modestos. Este camino es largo, así que tómate tu tiempo.

SIMPLIFICA TU JORNADA LABORAL

Llegamos, por fin, al periodo más breve en nuestro debate sobre la importancia de no apresurarse: la jornada laboral. Una de las principales ventajas de bajar el ritmo es que te libera de la necesidad de abordar cada día con una intensidad frenética, pero para ello tendrás que simplificar tu agenda. No te servirá de nada reducir los planes a medio y largo plazo si insistes en llenar cada hora del día con más trabajo del que puedes gestionar. Has de intentar controlar los tres periodos a la vez. Con el fin de planificar una jornada laboral más razonable te propongo dos cosas: la primera es reducir el número de tareas de tu agenda, y la segunda es limitar las citas en tu calendario. En otras palabras, reduce la cantidad de proyectos que pretendes llevar a cabo y aumenta tu tiempo disponible.

La primera propuesta es fácil de poner en práctica con la técnica de reducir entre el 25 y el 50 % la lista de tareas que te has propuesto abordar en un día concreto. Ya he comentado que los humanos somos muy optimistas a la hora de calcular lo que tardamos en efectuar las tareas cognitivas. Las reglas generales de reducción —como acortar tu lista de tareas en una cuarta parte— contrarrestan esta tendencia. Un buen objetivo para controlar las citas es asegurarte de no dedicar más de la mitad de las horas del día a reuniones o llamadas. Una manera fácil de alcanzar este objetivo es preservar algunas horas del día (por ejemplo, ninguna reunión antes del mediodía). Es cierto que, en determinadas empresas, resulta muy difícil cumplir normas estrictas de este tipo. (¿Qué quiere decir que no aceptas reuniones antes del mediodía? ¡Es cuando yo estoy disponible!). Una alternativa más sutil es aplicar la estrategia «una para ti y una para mí», de manera que cada vez que añadas una reunión en tu agenda bloquees para ti la misma cantidad de tiempo ese día. Es decir, si reservo 30 minutos un martes para una reunión, buscaré otros 30 ese día y los bloquearé para mí. Si un día concreto empieza a llenarse de reuniones, también lo hará de periodos bloqueados, dificultando así la incorporación de tareas nuevas. Y no dedicarás nunca más de la mitad de la jornada laboral a reuniones o llamadas. De todas formas, has de ser un poco flexible con este planteamiento para que tus colegas no te vean como una persona intransigente.

Tampoco es que estas estrategias estén pensadas para ser aplicadas cada día sin excepción. Una idea que veremos más adelante es que trabajar a un ritmo natural incluye también periodos de actividad y esfuerzo intensos. Habrá días que tendrás que ir saltando de reunión en reunión, porque estás a punto de finalizar una negociación crucial o porque tratas de salir de una crisis inesperada. También habrá días que tendrás que dedicar cada minuto a tareas de última hora. De todas formas, si piensas en esta técnica como método por defecto, a aplicar siempre que sea posible, te asegurarás de que a los inevitables picos de intensidad los sigan momentos más tranquilos.

En la descripción que hace Rebecca Mead de Lin-Manuel Miranda se refiere a su «semblante angustiado» y sus «ojos rojos de cansancio» en las semanas previas al estreno de *Hamilton* en Broadway. También dice que, en el periodo previo a estos ensayos finales, cuando Miranda todavía estaba componiendo algunos números musicales de la obra, se dedicaba a dar largos paseos con su perro por las calles de Nueva York mientras escuchaba con auriculares los coros de una nueva canción, esperando la llegada de la inspiración melódica. En este periodo estaba tomándose su tiempo.

PERDÓNATE

Un último punto a tener en cuenta de este consejo sobre no apresurarse es reconocer sus peligros psicológicos. Es difícil cronometrar el tiempo efectivo de trabajo, en especial en proyectos complejos. A veces dejas que las tareas se alarguen demasiado, dejas de cumplir los plazos o te pierdes oportunidades, eres consciente de que te has quedado atrás o te has imaginado que eras Miranda componiendo con lentitud una obra maestra, hasta que un día de repente te das cuenta de que en realidad has estado procrastinando. Resulta tentador reaccionar ante estos periodos de baja productividad autoimponiéndonos el castigo de la actividad frenética. Si estoy agotado, no me van a acusar de ser un vago, me digo a mí mismo.

Pero me gustaría rebatir esta reacción, porque, además de ser insostenible, no te llevará a producir ningún tipo de trabajo relevante a largo plazo. No pasa nada si tus esfuerzos por no apresurarte te desvían por un tiempo del camino trazado; también les ha ocurrido a quienes han intentado lograr algo significativo, incluido Lin-Manuel Miranda. (Conocemos sus grandes éxitos, pero poco hemos oído hablar de la amplia cartera de proyectos que, imagino, inició en un arrebato de energía creativa que acabó desvaneciéndose). Esto del trabajo a un ritmo natural es difícil de conseguir, y de vez en cuando te decepcionará, pero la respuesta humana a tal realidad es obvia: perdónate y luego pregúntate: «¿Y ahora qué?». La clave del trabajo significativo está en la decisión de seguir esforzándote en lo que consideras fundamental, no en hacerlo siempre todo bien.

Propuesta: aprovecha la estacionalidad

La vida profesional de Georgia O'Keeffe tuvo un comienzo ajetreado. En 1908, a la edad de 21 años y habiendo estudiado con éxito en el Art Institute of Chicago y en el Art Students League de Nueva York, O'Keeffe se arruinó, lo que la llevó a aceptar un puesto de artista comercial en Chicago. En 1910 se trasladó con su familia a Virginia, donde empezó a dar clases de arte en varias instituciones. Entre 1912 y 1914 residió en el oeste del país, impartiendo clases de arte en las escuelas públicas de la polvorienta ciudad de Amarillo, en la zona conocida como Mango de Texas. En verano volvía al este para trabajar como profesora auxiliar en el Teachers College de la Universidad de Columbia, y también cursaba estudios en la Universidad de Virginia. En 1915 ya era instructora del Columbia College de Carolina del Sur. Luego regresó al Teachers College de Nueva York. En 1916 fue nombrada directora del Departamento de Arte del West Texas State Normal College, en Canyon, Texas.

Si el mero hecho de enumerar todo lo que hizo O'Keeffe en este periodo ya cansa, es seguro que hacerlo le debió de resultar agotador. Pero de algún modo, y a pesar del ajetreo de esos años, se las arregló para seguir estudiando y desarrollando su emergente y abstracto estilo artístico. También se tomaba largos descansos del arte, incluyendo uno al principio de su carrera que duró casi cuatro años. Pero era evidente que algo tenía que cambiar en su sobresaturado estilo de vida si quería liberar su potencial artístico. Por fortuna, en 1918 llegó el punto de inflexión en forma de finca rústica ubicada en el extremo sur de las Adirondacks, en la costa oeste del lago George.

El terreno era propiedad de la familia de Alfred Stieglitz, un famoso fotógrafo y propietario de la reconocida Galería 291 de Nueva York. Stieglitz conoció a O'Keeffe tras exhibir una colección de sus innovadores trabajos al carboncillo en su galería. Lo que empezó como una amistad pronto se convertiría en romance y, más tarde, en boda. En la década de 1880, la familia Stieglitz había comprado la finca del lago George, a la que llamaban Oaklawn. Alfred había pasado casi todos sus veranos en la finca. «El lago es quizá mi amigo más antiguo —escribió en una ocasión—. ¡Madre mía! Cuántos días y cuántas noches hemos pasado juntos. Bonitas horas en calma. Otras más alocadas (horas de ensueño). Horas y días de maravillosa quietud».

A Stieglitz le entusiasmaba la idea de darle a conocer a O'Keeffe esos «días de maravillosa quietud». En 1918 empezó a ir con ella a pasar los veranos en su finca familiar. Los dos primeros años se alojaron en la mansión señorial de la finca, pero cuando la familia vendió la parcela se tuvieron que realojar en una granja más humilde, situada en lo alto de una montaña cercana. Allí O'Keeffe encontró el espacio para dar rienda suelta a su creatividad. Desarrolló una rutina «pastoral» que consistía en caminar cada mañana hasta el pueblo de Lake George a buscar su correo. En ocasiones, prolongaba estos paseos subiendo 3 km hasta la cima del monte Prospect, donde era recompensada con una vista magnífica de los barcos de vapor que recorrían el gran lago.

Pero lo que más hacía era pintar. Entre 1918 y 1934, casi siempre trabajando en su «choza» —un anexo a la finca que había convertido en estudio—, produjo más de 200 obras, además de numerosos bocetos y trabajos al pastel. Se inspiraba en el paisaje natural para dibujar amplias vistas del lago rodeado de montañas, y detalles de árboles y flores. En otoño, llevaba sus cuadros de las Adirondacks a la ciudad para terminarlos y exponerlos. Sus abstractos inspirados en la naturaleza eran muy elogiados y se convirtió en una celebridad en el mundo del arte. Los años que pasó en el lago George son considerados los más prolíficos de su carrera.

Este planteamiento *temporal* del trabajo, en el que se varía la intensidad y el foco del esfuerzo durante el año, resuena en mucha gente que lo ha vivido. El que O'Keeffe se retirara en verano al lago George, donde podía dar rienda suelta a su creatividad antes de regresar a su ajetreada vida urbana en otoño, es algo que parece natural. También los ejemplos de temporalidad que hemos visto en grandes científicos: Isaac Newton reflexionando sobre la gravedad en el Lincolnshire rural o Marie Curie descansando en la campiña francesa. La realidad es que la temporalidad profesional de este tipo es ahora poco frecuente, en especial en el trabajo del conocimiento. Aparte de algunos artistas y escritores que, como O'Keeffe, pueden buscar la creatividad en escapadas estivales, y de los docentes que trabajan con un calendario escolar, la mayoría de las personas que desarrollan su actividad profesional delante de un ordenador hacen lo mismo doce meses al año, con poca variación en la intensidad.

El hecho de que el calendario de O'Keeffe parezca exótico en nuestro momento actual no debería ocultar que lo que no es normal es *nuestra* manera invariable de plantear el trabajo. Ya he dicho que, a lo largo de la mayor parte de la historia de la humanidad, la vida laboral de la inmensa mayoría de los habitantes de la Tierra estuvo ligada a la agricultura, una actividad estacional. Por tanto, trabajar sin ningún cambio ni descanso todo el año les habría resultado extraño a nuestros antepasados, puesto que la temporalidad estaba muy integrada en la experiencia humana.

Así pues, esta propuesta sostiene que las cosas no tienen por qué ser como son hoy en día. La temporalidad puede ser imposible en entornos como el industrial, pero el trabajo del conocimiento es bastante más flexible. Para quienes desempeñan su labor en cubículos en lugar de en fábricas hay más posibilidades de las que te imaginas para cambiar la relación con el trabajo a lo largo del año. La clave está en reconocer que no son imprescindibles 14 hectáreas de terreno rural frente a un lago para cultivar una temporalidad beneficiosa. Las siguientes estrategias han sido diseñadas para ayudar a quienes tienen empleos normales (por ejemplo, artistas de principios del siglo xx sin independencia económica) a recuperar al menos cierto grado de variación natural en sus esfuerzos.

PROGRAMA TEMPORADAS MÁS RELAJADAS

En julio de 2022, mientras estaba inmerso en las primeras etapas de la escritura de este libro, se hizo viral una tendencia. Todo empezó con un usuario de TikTok, @ZKChillen, que colgó un vídeo de 17 segundos en el que se oía una suave música de piano sobre escenas de Nueva York: un metro, una calle céntrica, otra residencial y luego, por algún motivo, un pompero de los que usan los niños para hacer burbujas. «Oí hablar hace poco de esta idea de la renuncia silenciosa

—empieza diciendo el narrador— según la cual no renuncias a tu trabajo, sino a la idea de ir más allá en tu trabajo». Luego continúa rechazando la «cultura del trabajo», esa noción de que tu trabajo *es* tu vida. Y concluye diciendo que «la realidad es que no lo es. Y tu valía como persona no la define tu trabajo».

Al vídeo original de @ZKChillen lo siguieron los de otros *tiktokers*, la mayoría jóvenes narradores que hacían sus propias declaraciones sobre su aceptación de la renuncia silenciosa. Como era de esperar, la prensa enseguida se hizo eco de la tendencia. *The Guardian*, por ejemplo, publicó a principios de agosto un artículo cuyo subtítulo es notable por su informal nihilismo: «El sinsentido del trabajo actual —y la pandemia— ha llevado a muchas personas a cuestionarse su enfoque laboral». Dos semanas más tarde, *The New York Times* y la *NPR* publicaron artículos similares. Incluso Kevin O'Leary, de *Shark Tank*, opinó al respecto. (Y, por si no lo sabías, Kevin piensa que la renuncia silenciosa es «una idea realmente mala»).

El movimiento de la renuncia silenciosa, al igual que muchas tendencias de internet, generó un cúmulo de críticas personales y reaccionarias. Los «jóvenes de hoy en día» se burlaron de las declaraciones hechas en TikTok, afirmando que es posible que tu valía como persona no esté definida por tu trabajo, pero tu sueldo sí. Otros consideraron que la idea era demasiado pasivo-agresiva sin necesidad. Si no te satisface tu trabajo, afirmaban, habla con tu jefe; la renuncia silenciosa solo les libera de la responsabilidad de dirigir un centro de trabajo disfuncional. También los activistas online entraron enseguida en escena para avergonzar a los autores originales por no reconocer lo suficiente que algunos grupos pueden tener más dificultades que otros para poner en práctica sus consejos. Y, como era de esperar, la extrema izquierda de la vieja escuela intentó salir al paso del barullo afirmando que *cualquier* discusión sobre el tema era en sí misma una práctica burguesa intrascendente, ya que la verdadera y única respuesta a estos asuntos pasaba por desmantelar el capitalismo.

Si eres capaz de dejar a un lado todo este postureo digital, verás que en el núcleo de la renuncia silenciosa existe una observación práctica: tienes más control del que crees sobre la intensidad de tu carga de trabajo. Las tácticas de quienes siguen esta renuncia silenciosa son claras. Aconsejan, por ejemplo, que no te ofrezcas para hacer trabajo extra, que cumplas el horario laboral a rajatabla, que no tengas miedo a decir que no, y que no dejes que los demás esperen que estarás siempre disponible por correo electrónico y chat. Según afirman quienes se adhieren a esta renuncia silenciosa, estos pequeños cambios pueden marcar una gran diferencia en el impacto psicológico de tu trabajo. Tales afirmaciones me hicieron reflexionar. ¿Y si dejáramos de considerar la renuncia silenciosa como una respuesta general al «sinsentido del trabajo» y la viéramos más bien como una táctica más específica para lograr la temporalidad? ¿Qué pasaría si, por ejemplo, decidieras adoptar la renuncia silenciosa una parte del año —pongamos julio y agosto— o entre el Día de Acción de Gracias y Año Nuevo? Lo mejor es que tomes la decisión sin darle demasiada importancia; es decir, que la pongas en práctica *en silencio* para luego regresar sin estridencias a un ritmo de trabajo más normal.

Para que esta idea funcione deberías, en la medida de lo posible, organizar los proyectos esenciales de modo que finalizaran antes de que comience tu «temporada baja simulada», y esperar a iniciar proyectos relevantes hasta que esta termine. Una táctica más avanzada para ello podría ser aceptar para esos meses un proyecto muy visible, pero de poco impacto, que puedas utilizar para desviar de forma temporal el nuevo trabajo que se te presente: «Me encantaría liderar este proyecto de revisión interna, pero este mes me estoy centrando en estudiar un nuevo programa de marketing, así que tendremos que esperar hasta año nuevo para ponerlo en marcha». Lo importante es elegir un proyecto que no exija demasiada colaboración, reuniones o mensajes urgentes. Es el caso de los proyectos que consisten solo en escribir o investigar.

Por supuesto, si trabajas como autónomo te resultará más fácil programar estas temporadas tranquilas. De hecho, como afirmaré más adelante, los trabajadores autónomos pueden plantearse ir más allá en su temporalidad. La observación clave que motiva este consejo es que, en la mayoría de las situaciones del trabajo del conocimiento, se puede bajar el ritmo unos meses al año sin mayores consecuencias. Un jefe podría darse cuenta si *siempre* estás desviando proyectos, y un cliente se preocupará si *nunca* estás disponible para aceptar nuevos encargos, pero un mes o dos a un ritmo más relajado nadie lo notará. Tampoco hace falta que sea una experiencia tan exagerada como los lánguidos veranos de Georgia O'Keeffe en el lago George, pero cualquier respiro de este tipo, aunque sea encubierto, marcará la diferencia en la sostenibilidad de tu vida profesional.

DEFINE UN AÑO LABORAL MÁS CORTO

Después de la Segunda Guerra Mundial, Ian Fleming —el novelista que fue autor de los guiones de las películas de James Bond— aceptó un empleo en Kemsley Newspapers, una empresa británica de medios de comunicación más conocida por ser la propietaria del *Sunday Times*. Fleming fue contratado para dirigir la extensa red de corresponsales que el grupo tenía en varios países. Estaba bien cualificado para el puesto, ya que había trabajado en la British Naval Intelligence, y ello le exigió viajar por el mundo durante la guerra. De todas formas, lo que nos interesa ahora no son tanto los detalles del nuevo trabajo de Fleming como el contrato que firmó: su trato con Kemsley le exigía trabajar solo diez meses al año, y los restantes podría tomárselos de vacaciones.

El motivo de este inusual acuerdo se remonta a 1942, cuando Fleming, comandante de 34 años, fue enviado a Jamaica como parte de la operación Goldeneye, que investigaba la posible actividad de submarinos alemanes en el Caribe. Enseguida se enamoró de la calma y tranquilidad de la isla y prometió que cuando acabara la guerra buscaría la manera de volver. La oportunidad se le presentó en 1946, cuando se enteró de que cerca de la bahía Oracabessa había una parcela de 6 hectáreas en venta. Tampoco es que fuera impresionante: era una antigua pista para carreras de burros, encaramada a una baja colina llena de maleza tropical, pero él vio las posibilidades que tenía y telegrafió a su agente para que comprara la parcela. Luego le mandó limpiarla para construir una modesta casita de una planta, con suelos de cemento y un sistema de fontanería que apenas funcionaba. «Las ventanas que dan al mar no tienen cristales —explicó el escritor de viajes Patrick Leigh Fermor, que visitó la nueva casa de Fleming poco después de ser construida—, pero están equipadas con unas contraventanas exteriores contra la lluvia: unos enormes cuadriláteros [...] doman los elementos, por así decirlo, en un fresco siempre cambiante del que uno nunca llega a cansarse». En honor a aquella inspiración, Fleming llamó a su destartalada finca «Goldeneye». Este fue el motivo de que Fleming exigiera dos meses de vacaciones en su contrato. Cada año, en cumplimiento de la promesa que se hizo a sí mismo durante la guerra, huía del terrible invierno londinense para deleitarse con la tranquilidad de la vida en «Goldeneye». Al principio, sus retiros eran puramente hedonistas; en la isla hacía submarinismo por la mañana, en la cala que había bajo su casa, y luego se dedicaba a la juerga, compensando así con el vigor decidido de la clase alta británica la oscuridad de su experiencia bélica. Más adelante, en 1952, y a instancias de su nueva mujer, Ann Charteris, empezó a escribir mientras estaba de vacaciones en Jamaica. Ella pensaba que la actividad le alejaría del estrés de su vida personal.*

Ese invierno redactó el borrador de *Casino Royale*, la primera novela de James Bond, a la que seguirían una docena más; y lo hizo siguiendo siempre la misma rutina: esbozar el guion de la nueva novela en Londres en otoño, redactar el primer borrador en «Goldeneye», bajo la luz de los primeros rayos de sol jamaicanos, y luego, de regreso a Londres en primavera, completar la edición final para su publicación.

Hay algo de romanticismo en estas escapadas temporales, algo que puede ser muy atractivo y frustrante a la vez. Fleming halló, bajo el sol tropical del invierno caribeño, la inspiración para crear uno de

---

* El estrés se refiere al hecho de que había decidido casarse con su amante porque estaba embarazada. Era la idea del matrimonio y la paternidad lo que aterrorizaba a Fleming, y lo que llevó a su mujer a recomendarle escribir como medio de distracción. Lo que implica que no era alguien a quien uno pudiera tomar como referente moral o de carácter.

los personajes más duros de la literatura contemporánea, al igual que Georgia O'Keeffe descubrió su estilo artístico característico en las sureñas Adirondacks. Experimentaríamos un alivio similar y una recarga creativa si encontráramos la manera de pasar un tiempo prolongado lejos de nuestra rutina profesional cada año, pero esto que en tiempos de posguerra fue tan fácil para Fleming nos parece imposible en la realidad del mundo actual. La única opción parece la clase de temporalidad simulada descrita en la estrategia anterior. Por supuesto, es mejor que nada, pero no resulta tan grandioso como escaparse a una playa del Caribe.

¿Es inalcanzable el modelo de Fleming en la actualidad? Recordemos el ejemplo de Jenny Blake del que hablé en el Capítulo 3. Al igual que Fleming, ella se toma cada año dos meses de vacaciones, pero a diferencia del escritor ella no tuvo que sacar partido a su posición social para ganarse el favor de su jefe. Blake dirige su propio y modesto negocio de formación para empresas, y lo que hace es organizar sus contratos para tener dos meses libres al año. Es evidente que sus ingresos son más reducidos, pero, según me explicó cuando hablamos de su situación, su objetivo no es ganar mucho dinero, sino tener una buena calidad de vida. Ajustar su presupuesto para sobrevivir con un 20% menos de ingresos anuales ha sido una cesión bastante justa a cambio de los beneficios de una escapada anual prolongada.

El escritor Andrew Sullivan sigue un modelo similar: cada agosto huye de la calurosa ciudad de Washington para refugiarse en una pintoresca casita de campo cerca de la playa de Provincetown, en el extremo norte del cabo Cod. El que fuera editor de *The New Republic* ahora se gana la vida con las suscripciones de pago a su boletín electrónico basado en Substack. En teoría, irse de vacaciones cada verano no es lo ideal para alguien que pide a su audiencia que pague una cuota mensual por sus artículos, pero a sus suscriptores parece no importarles. Suele publicar un artículo a medio verano, casi siempre pleno de entusiasta expectación sobre sus inminentes vacaciones, y varias semanas después vuelve con energías renovadas, para satisfacción suya y de sus lectores.

Otras personas que siguen el modelo Fleming son menos regulares que Blake o Sullivan. Por ejemplo, en mi libro de 2012 *So Good They Can't Ignore* You hablo de Lulu Young, una trabajadora autónoma que programa bases de datos y cuyos descansos son más improvisados. Suele dedicar varias semanas entre proyecto y proyecto a viajar o a alguna afición. Cuando charlé con ella para mi libro acababa de aprovechar uno de estos descansos para aprender submarinismo, sacarse la licencia de piloto y emprender un viaje de seis semanas para visitar a su extensa familia en Tailandia. Además de estas grandes aventuras, disfruta tomándose un día o dos libres cuando le viene la inspiración. «La mayoría de estos días quedo con una sobrina o un sobrino y salimos a divertirnos —me contó—. He ido al museo infantil y al zoo más veces que nadie».

Para quienes trabajan en los típicos despachos con jefes y horarios normales, el sueño de escaparse durante semanas o meses es casi inalcanzable. Sin embargo, si trabajas por cuenta propia la fuerza que te impulsa a trabajar todo el año es, casi con seguridad, una convención cultural. A Fleming, Blake, Sullivan o Young no les ocurrió nada terrible cuando decidieron distanciarse de su trabajo habitual durante largos periodos. Seguro que a corto plazo ganaron menos dinero, pero apuesto a que el sacrificio les valió la pena.

PON EN PRÁCTICA UNA «TEMPORALIDAD MÁS CORTA»

La temporalidad no se refiere solo a ralentizar el trabajo temporadas enteras; variar la intensidad de tu esfuerzo en periodos más cortos también es útil para alcanzar un ritmo de trabajo más natural. El objetivo de esta recomendación es ayudarte a evitar trabajar en un estado constante de intensa energía y con pocos cambios todo el año. Pasar los veranos en el lago George es, sin duda, una manera de acabar con este ritmo antinatural, pero también lo puede ser tomarse un día de descanso una o dos veces al mes. A estas tentativas más modestas las llamo «temporalidad corta». A continuación, detallaré cuatro sugerencias específicas para poner en práctica esta filosofía. Mi esperanza es que, una vez que te hayas encontrado con alguno de estos ejemplos, te sea más fácil dar con otras ideas para inyectar a tu ritmo la tan necesitada variedad.

No programes reuniones los lunes

No te pongas ninguna reunión los lunes. No hace falta que anuncies a todo el mundo tu decisión. Si alguien te pregunta cuándo estás libre para una reunión o videollamada, nunca pienses en los lunes. Puesto que ese día representa solo el 20 % de tu tiempo disponible, puedes bloquearlo para no tener reuniones sin que el resto piense que nunca estás disponible. El beneficio de esta iniciativa para ti es enorme, ya que te permite una transición más gradual entre el fin de semana y la semana laboral. Los domingos por la noche se hacen menos pesados cuando la agenda del día siguiente está despejada. Esta reducción de la distracción también te proporciona un bloque de tiempo constante cada semana para progresar en los proyectos difíciles pero relevantes que hacen que tu trabajo sea más significativo. También podrían servir otros días. A lo mejor, en tu caso, te interesa más mantener los viernes libres de reuniones, o algún otro día entre semana. La clave está en preservar un refugio de paz en un calendario tan atiborrado.

Dedícate medio día al mes

Ir al cine una tarde de un día laborable ayuda a despejar la mente. El contexto es tan novedoso —«¡casi todo el mundo está trabajando ahora!»— que consigue sacarte de tu estado habitual de actividad nerviosa. Esta transformación mental es purificadora y, por tanto, deberías buscarla con cierta frecuencia. Mi consejo es que te reserves una tarde al mes para escaparte al cine, bloqueando con antelación ese hueco en tu agenda para que no te surja una cita de última hora. En la mayoría de los trabajos de oficina nadie se dará cuenta si una vez cada 30 días te ausentas una tarde. Si te preguntan dónde estabas, siempre puedes decir que tenías una «cita personal», lo cual es cierto. En cualquier caso, tendrás que actuar con sensatez a la hora de hacer esta planificación para no perderte nada importante; si luego surge una urgencia, o una semana en concreto está llena de asuntos urgentes que resolver, resérvate otro día. Y si te sientes culpable por hacer este minidescanso de medio día, recuerda todas las horas que te has pasado respondiendo correos electrónicos por la noche o trabajando en fin de semana. Faltar alguna tarde entre semana al trabajo es un método eficaz para equilibrar esta situación. Pero hay otras actividades, además de ir al cine, que te aportarán los mismos beneficios. A mí, por ejemplo, me encanta visitar museos o hacer senderismo. La idea es que incluso un modesto programa de escapadas entre semana resulta suficiente para disminuir el agotamiento de una rutina que, sin ella, sería como el funcionamiento de un metrónomo.

Programa proyectos de descanso

Puede resultar estresante empezar a bloquear largos periodos en tu calendario para llevar a cabo un proyecto nuevo de gran envergadura. Cada nueva cita que añades representa menos flexibilidad y trabajo más intenso en tu agenda inmediata. A medida que esta se va llenando de periodos de mucha actividad, empieza a surgir cierta sensación de desesperación. *¿Cómo voy a terminar todo esto?* Una manera sensata de equilibrar este estrés consiste en emparejar cada proyecto *relevante* con su correspondiente proyecto de *descanso*. La idea es sencilla: después de reservar tiempo en tu calendario para un proyecto crucial, programa dedicarte los días o semanas siguientes al ocio, sin relación con tu trabajo. Por ejemplo, si eres docente y te han encargado presidir el comité de investigación de una facultad la próxima primavera, es probable que dicha actividad te ocupe hasta principios de mayo. Así que, para compensar este periodo de trabajo intenso, bloquea algunas tardes a partir de mayo, por ejemplo, para ver la filmografía completa de Francis Ford Coppola en los setenta, aprender un idioma o retomar el trabajo en tu jardín. El objetivo es obtener un equilibrio proporcionado. Después del esfuerzo viene la diversión. Cuanto más duro hayas trabajado, más disfrutarás después. Y, aunque estos proyectos de descanso sean cortos en comparación con el trabajo que los desencadena, el ritmo discontinuo llevará a una experiencia de variación sostenible.

Trabaja por ciclos

La compañía de software Basecamp es conocida por experimentar con prácticas de gestión innovadoras. Tal vez no resulte sorprendente si tenemos en cuenta que su cofundador y actual consejero delegado, Jason Fried, publicó un libro titulado *It Doesn't Have to Be Crazy at Work*. Una de las políticas más llamativas de Basecamp es la consolidación del trabajo por «ciclos» de entre seis y ocho semanas, durante los cuales los equipos se centran en objetivos claros y urgentes. A cada ciclo le sigue un periodo de dos semanas de «relajación» en el que el personal se recupera mientras soluciona asuntos de poca importancia y se marca el siguiente objetivo relevante. «A veces, tenemos la tentación de prolongar estos ciclos hasta el periodo de relajación para hacer más trabajo —se explica en el manual del trabajador de Basecamp—. Pero el objetivo es resistir esta tentación».

Dicha estrategia tiene en cuenta la temporalidad natural del esfuerzo humano. Si Basecamp exigiera a su personal que trabajara con concentración y urgencia sin descanso, su intensidad general se reduciría a medida que fuese apareciendo el agotamiento. Si, por el contrario, disponen de periodos de relajación entre ciclos, el trabajo hecho en estos ciclos será de mayor calidad. Este último escenario genera mejores resultados que el anterior y también es más sostenible para el personal implicado.

Adoptar los ciclos en tu trabajo puede entenderse como una aplicación más estructurada tanto del proyecto de descanso como de las estrategias temporales de renuncia silenciosa que comenté antes. Podrías plantear incluir los ciclos señalando el manual del trabajador de Basecamp como referencia o, si te preocupa que tu sugerencia no sea bien recibida, ponerlos en práctica sin decírselo a nadie. Un periodo de relajación de dos semanas es demasiado corto para ganarte fama de holgazán. En todo caso, el incremento de intensidad durante los ciclos de trabajo se notará más, y tu superior tendrá una opinión más positiva de ti.

Paréntesis: ¿no escribió Jack Kerouac *On the Road* en tres semanas?

En 1959, Jack Kerouac salió en *The Steve Allen Show*. El propósito de su aparición era promocionar un álbum que acababan de lanzar, en el que Kerouac leía poesía y Allen le acompañaba al piano. Pero la conversación empezó con el libro que había publicado dos años antes y que le había hecho famoso: *En el camino*. Lo que definía al *bestseller* de Kerouac —una mezcla de cuaderno de viaje impresionista y de reflexión sobre la filosofía de la generación *beat*— era su prosa inspirada en el jazz, fluida y escrita como un monólogo interior. Su narrador, Sal Paradise, dice al principio del libro:

> Las únicas personas para mí son las personas locas, locas por vivir, locas por hablar, locas por ser salvadas, deseosas de todo a la vez, las que nunca bostezan o dicen cosas corrientes, las que queman, queman y queman como las fabulosas velas amarillas romanas.

Su prosa se lee rápido, como si las ideas salieran del cerebro de Kerouac y cayeran en la página colocada en una vibrante máquina de escribir. En el programa de *Steve Allen*, Kerouac dio también esta impresión.

—Jack, tengo un par de preguntas bastante tópicas, pero creo que tu respuesta puede ser interesante —le dijo Allen—. ¿Cuánto tiempo tardaste en escribir *En el camino*?

—Tres semanas —contestó Kerouac.

—¿Cuánto?

—Tres semanas.

Kerouac continuó explicando que, además de escribir el libro en tres semanas de trabajo intenso, mecanografió el manuscrito en un rollo largo de papel de teletipo, lo que le evitaba tener que pararse a colocar hojas nuevas en la máquina de escribir. También lo explicó su cuñado, John Sampas: «Así que se limitaba a hacer rodar el rollo casi sin descanso, deprisa, rápido, porque, como dice Jack, el camino es rápido».

He hecho referencia a esta conocida anécdota del frenesí escritor de Jack Kerouac porque refleja a la perfección una objeción obvia al segundo principio de la *slow productivity*: a veces, un ritmo natural resulta demasiado lento. Esta objeción argumenta que el trabajo importante requiere una atención sostenida de alta intensidad, puede que incluso obsesiva. Si bien la idea de alargar los plazos y variar los niveles de esfuerzo puede estar bien para que los trabajos medios sean más tolerables, no suele ser compatible con un gran trabajo.

Aunque es cierto que los proyectos clave suelen requerir periodos *temporales* de máxima intensidad, no estoy de acuerdo con que sea habitual que tales proyectos se completen siempre a base de ráfagas de energía sostenida. Volvamos al ejemplo de Kerouac. Su cuñado dejó claro en una entrevista concedida a *NPR* en 2007 que, cuando Kerouac le dijo a Allen que había «escrito» *En el camino* en tres semanas, lo que en realidad debería haber dicho es que *escribió* el primer borrador del manuscrito. El proyecto completo le llevó mucho más tiempo, en concreto estuvo trabajando desde 1947 hasta 1949. A continuación, y tras su famoso atracón de mecanografía, pasó otros seis años elaborando seis borradores más, mientras buscaba la manera de convencer a un editor para que se lo publicara.

«Kerouac cultivó este mito de que era el hombre de la prosa espontánea y que todo lo que escribía lo mantenía siempre sin cambios —dijo uno de sus estudiosos, Paul Marion—. Pero no es verdad. Quiero decir, era un artista formidable, entregado a la escritura y al proceso de escribir». Dicho de otra manera, *En el camino* se lee rápido, pero el ritmo al que fue compuesto, como la mayoría de los trabajos que resisten el paso del tiempo, fue bastante lento.

Propuesta: trabaja al estilo de los poetas

La poetisa Mary Oliver personifica la esencia del trabajo realizado a un ritmo natural. Había tenido una infancia difícil y halló su válvula de escape vagando por los bosques de su Ohio natal. «Creo que eso me salvó la vida», explicó en una entrevista de 2015 con Krista Tippett de la *NPR*. Y continuó diciendo que, mientras buscaba la luz en su etapa oscura, se dio cuenta del potencial poético del mundo natural durante sus largos paseos por el bosque:

Bueno, como ya he dicho, a mí no me gustan los edificios. El único récord que batí en la escuela fue el del absentismo. Solía irme al bosque con libros en la mochila, como los de Whitman, pero también me gustaba moverme. Empecé entonces a escribir lo que se me ocurría en unos pequeños cuadernos y después lo convertía en poemas.

Oliver conservó esta costumbre de caminar al aire libre y escribir al trasladarse de Ohio a Nueva Inglaterra, donde se asentó y empezó a publicar poemas elaborados a partir de emotivas descripciones de la naturaleza, pero sin adornos. Pese a que su ritmo de trabajo podríamos decir que no fue rápido, no hay duda de que su carrera resultó muy productiva. Su quinto libro de poesía, que publicó en 1984, ganó el Pulitzer, y su colección de 1992, *New and Selected Poems*, obtuvo el premio National Book. Oliver falleció en 2019 siendo considerada una de las poetisas más leídas y queridas del último siglo.

He mencionado a Mary Oliver para ilustrar mi última propuesta sobre el segundo principio de la *slow productivity*: a veces cultivar un ritmo de trabajo natural no se refiere tanto al tiempo que dedicas a un proyecto como al contexto en el que completas el trabajo. Según afirma el filósofo francés Gaston Bachelard en *La poética del espacio*, no deberíamos subestimar la capacidad de nuestro entorno para transformar nuestra realidad cognitiva. Es célebre la broma que hizo Bachelard al hablar del rol del hogar: «El espacio habitado trasciende el espacio geométrico». En otras palabras, una escalera no es solo una serie de peldaños dispuestos en un orden regular, sino el lugar donde jugaste en tu infancia con tus hermanos, en las calurosas tardes de verano. Sus superficies y detalles se enredan en una complicada trama de la experiencia humana.

Estas fuerzas influyen en nuestros proyectos profesionales. Oliver no solo trataba de buscar tranquilidad en sus paseos por el bosque; estos le evocaban unos aspectos de su pasado que le ayudaban a tener una percepción del trabajo más viva, variada y natural en su ritmo que si hubiera pasado esas mismas horas escribiendo en su casa, en una mesa de despacho. Esta propuesta te pide, pues, que evalúes el contexto de tu trabajo más relevante a través de esta lente poética. Si eliges con cuidado los espacios y rituales físicos no solo serás capaz de transformar tus actividades en más interesantes y sostenibles, sino que aprovecharás mejor tu genialidad latente. El truco está, por supuesto, en averiguar cuál es tu versión personalizada de los largos paseos por el bosque de Mary Oliver. El próximo consejo te puede ayudar en esta búsqueda.

ADAPTA TU ESPACIO A TU TRABAJO

La manera obvia de crear un espacio más eficaz para trabajar es hacer coincidir los elementos de tu entorno físico con lo que intentas conseguir. La poesía basada en la naturaleza de Mary Oliver, por ejemplo, se apoya en los largos paseos que daba por el mismo tipo de bosques que describe en sus poemas. Pero ella no ha sido la única en buscar esta simetría; muchos escritores aprovechan los detalles de su entorno para reflejarlos en su obra. Sin ir más lejos, cuando Lin-Manuel Miranda compuso *Hamilton* negoció un permiso para escribir en la Morris-Jumel Mansion, la casa más antigua que se conserva en Manhattan y donde estaban tanto los despachos de George Washington en la batalla de Harlem Heights como el hogar de Aaron Burr en sus años como vicepresidente. «Me encanta que solo estemos unas cuantas capas por encima de donde se tramó todo esto», explica Miranda.

Mientras tanto, en los bosques que rodean su casa en Woodstock, Nueva York, Neil Gaiman construyó un espartano cobertizo octogonal sobre unos pilotes; este lugar ofrece vistas de una interminable extensión de árboles por doquier. Una foto del lugar publicada online muestra una sencilla mesa de despacho, una libreta y un par de binoculares para observar la vida salvaje. Este tipo de entorno tiene sentido para un escritor que aprovecha la observación para inyectar un naturalismo eficaz en sus lúgubres escenarios. Dan Brown, por su parte, invirtió la fortuna de su *Código Da Vinci* en la construcción de una casa hecha a medida cerca de la costa de Rye Beach, New Hampshire. La llenó de los detalles góticos que uno esperaría encontrar en una de sus famosas novelas. Por ejemplo, si pulsas un botón oculto en la librería, los estantes se abren para revelar una vitrina; si tocas la esquina de un cuadro que hay en el salón, aparece una puerta a una habitación secreta; el interior de la puerta de un baño está decorada con una página de la libreta de Da Vinci, escrita —como era costumbre en él— al revés, para codificar su contenido. Pero cuando la puerta está cerrada se puede descifrar el texto leyéndolo en el espejo del baño. A ti y a mí nos parecería una casa desconcertante y ostentosa, pero si nos ganáramos la vida escribiendo novelas basadas en absurdas y misteriosas conspiraciones sería justo lo que necesitaríamos para encontrar nuestro ritmo.

Este principio se puede aplicar también, con un poco de creatividad, a otras profesiones, y el efecto es el mismo. Una publicista podría buscar inspiración en la decoración de una oficina moderna, al estilo de la de *Mad Men* de los años cincuenta; un músico podría llenar su oficina de instrumentos; la ingeniera podría tener artilugios a medio montar. Francis Ford Coppola tiene por costumbre guardar soldadores, interruptores y diodos en sus distintas oficinas de producción. De niño le encantaba jugar con aparatos electrónicos, y cree que la presencia de estas herramientas le ayuda a centrarse en la importancia de crear cosas desde cero. Cuando veo un despacho común y corriente, con sus estanterías blancas y los cuadros típicos de oficina, no puedo dejar de pensar en cómo podrían sus ocupantes adaptar mejor ese lugar al trabajo que desempeñan.

MEJOR EXTRAÑO QUE ELEGANTE

A finales de los sesenta, el escritor Peter Benchley y su esposa Wendy buscaban un lugar tranquilo donde vivir cerca de Nueva York. Pensaron en Princeton, Nueva Jersey, pero como no podían permitírselo acabaron en Pennington, una pequeña comunidad 13 km al oeste. Allí Benchley empezó a trabajar en su primera novela, un relato sensacionalista sobre un enorme tiburón blanco que aterrorizaba a un pueblo costero. Conozco la conexión entre la película *Tiburón* y Pennington porque crecí en la misma calle donde estaba la casa que se compraron los Benchley: un antiguo vagón convertido en vivienda en un gran terreno rodeado de coníferas. De pequeño, mientras hacía los deberes en mi habitación, en el ático de la casa, me gustaba imaginar que Benchley había contemplado el mismo césped que había calle abajo mientras inventaba sus icónicas escenas.

Sin embargo, hace poco me enteré, muy a mi pesar, de que Benchley no había escrito *Tiburón* en su bucólica casa de Pennington. John McPhee reveló en un artículo del *New Yorker* en 2021 que recordaba a Benchley trabajando esos años en un espacio alquilado en la trastienda de una fábrica de hornos. Investigué un poco más sobre el tema y, con ayuda de la Hopewell Valley Historical Society, descubrí que la fábrica era Pennington Furnace Supply, Inc., en la avenida

Brookside, en el extremo norte de la calle principal de Pennington. Cuando más tarde le pregunté a Wendy sobre este tema recordó el ruido que había: «Tenía una mesa justo en medio de donde se fabricaban los hornos. ¡Bang! ¡Bang! ¡Bang! Pero a él no le molestaba».

El caso es que Benchley no ha sido ni mucho menos el único autor en abandonar la comodidad del hogar para trabajar en condiciones *a priori* peores. Maya Angelou, por ejemplo, alquilaba habitaciones de hotel para escribir y pedía al personal que retirara todos los cuadros de las paredes y que solo entraran una vez al día para vaciar las papeleras. Llegaba a las 6:30 de la mañana con una Biblia, una libreta amarilla y una botella de jerez. No necesita mesa, porque se echaba en la cama. En una entrevista le explicó a George Plimpton que este hábito había hecho que se le formaran callosidades en la piel de los codos. Por su parte, David McCullough vivía en una bonita casa de tejado blanco en West Tisbury, en Martha's Vineyard. La residencia contaba con un agradable despacho, pero él prefería escribir en un amplio cobertizo que había en el patio trasero. John Steinbeck fue un paso más allá y, al final de su carrera, decidió pasar los veranos en una finca de casi una hectárea en Sag Harbor. Él le contó a su agente literaria, Elizabeth Otis, que prefería escapar de su paraíso frente al mar y escribir en su barca de pesca, a la que se llevaba un escritorio portátil para apoyar la libreta.

En la primavera de 2021 conté en un artículo estas historias sobre lugares extraños para escribir. En ese momento, la pandemia del coronavirus estaba llegando a su fase de emergencia más aguda y las empresas se preguntaban si el teletrabajo sería algo más que una respuesta a corto plazo a la crisis sanitaria. Pretendía que mi artículo fuera una advertencia en relación con esta última posibilidad. Los escritores profesionales son, en cierto sentido, los primeros que han

teletrabajado, y lo que descubres cuando estudias sus hábitos es que
a menudo buscan un lugar para trabajar, *el que sea*, que no sea su
propia casa, aunque para ello tengan que aguantar los martillazos de
una fábrica de hornos.

El problema es que el propio hogar está lleno de cosas familiares
que atraen tu atención, desestabilizando así el ingenioso baile neuro-
nal necesario para pensar con claridad. Al pasar por delante del cesto
de la ropa sucia, el cerebro se concentra en un contexto de tareas
domésticas, aunque quieras mantener la concentración en el trabajo
urgente que tienes por delante. Este fenómeno es consecuencia de la
naturaleza asociativa del cerebro humano: puesto que el cesto de la
ropa sucia está integrado en una matriz de tareas domésticas por
atender que inducen al estrés, crea lo que el neurocientífico Daniel
Levitin describe como «un atasco de nódulos neuronales intentando
llegar a la conciencia». En este contexto, el trabajo se convierte en
una entre otras muchas exigencias que provocan estrés.

Por eso Benchley decidió retirarse a la fábrica de hornos y
McCullough al cobertizo del patio. Buscaban un espacio mental
más beneficioso para crear algo maravilloso. Si conseguían calmar
su sistema de memoria relacional podrían ralentizar su percepción
del tiempo y permitir que la atención se moldeara más en torno a
una búsqueda singular. Lo destacable de estas observaciones es que
no les importaba en absoluto la estética de estos espacios de trabajo
fuera de casa. Mary Oliver hallaba inspiración paseándose por los
pintorescos bosques de Nueva Inglaterra, pero Maya Angelou logró
un efecto similar en medio de lo insípido de los hoteles baratos. Porque lo que pretendía era desconectar de lo familiar. En definitiva, la
concentración creativa no necesita un palacio, solo un lugar sin cesto
de la ropa sucia.

En mi artículo de 2021 empleé estas observaciones para diferenciar entre el teletrabajo y el trabajo desde casa. Y proponía que, si las organizaciones quieren cerrar sus oficinas centrales, han de invertir lo que se ahorran en ayudar a su personal a encontrar lugares para trabajar *cerca* de casa. Liberando a estos trabajadores del lastre de lo familiar, la productividad y la satisfacción aumentarían. Ahora te propongo que consideres algo parecido en tus esfuerzos por generar entornos más «poéticos» para tu trabajo. Lo extraño es poderoso, aunque sea feo. Cuando busques un lugar donde trabajar fuera de tu casa, desconfía de lo que te resulte demasiado familiar.

LOS RITUALES DEBEN SER IMPACTANTES

Los misteriosos cultos de la antigua Grecia se suelen malinterpretar. Según explica Karen Armstrong en su magistral libro de 2009, *The Case for God*, los rituales misteriosos desarrollados en el siglo VI a. C. no eran «ni un confuso abandono de la racionalidad ni un autocomplaciente regodeo en tonterías». Habían sido elaborados con sumo cuidado para provocar unos efectos psicológicos específicos en los *mystai* (iniciados) que los llevaban a cabo.

Pensemos, por ejemplo, en los misterios eleusinos que se representaban cada año en la ciudad de Eleusis, al oeste de Atenas, para celebrar el viaje de la diosa Deméter a Eleusis con el fin de buscar a su hija Perséfone. Armstrong señala que Eleusis quizá habría sido el lugar elegido para celebrar algún tipo de festival de otoño en el Neolítico, pero fue en el siglo VI a. C. cuando en la ciudad se construyó un nuevo y enorme centro de culto para albergar una experiencia más formal e impactante. Cada otoño, un nuevo grupo de *mystai* participaba en un ritual que se iniciaba en Atenas con dos días de festejos.

Luego sacrificaban un lechón en honor a Perséfone e iniciaban una caminata de casi 32 km a Eleusis. Los iniciados del año anterior se sumaban al viaje de los nuevos, acosándolos y amenazándolos mientras aclamaban a Dionisio, dios del vino y del éxtasis, con el objetivo —según dice Armstrong— de «llevar a la multitud a un frenesí de excitación». Tras llegar a Eleusis pasada la medianoche, los *mystai*, exhaustos y ansiosos, eran conducidos por sus calles con antorchas, incrementando así su sensación de desorientación antes de ser llevados a la oscuridad total de la sala de iniciación.

Los detalles de la ceremonia se mantenían en secreto, por lo que conocemos poco de ella. Sí sabemos que había sacrificios de animales y revelaciones místicas. Armstrong sostiene que es probable que hubiera también un «evento espeluznante», como preparar a un niño para ser arrojado a una hoguera y salvarlo en el último momento; todo esto combinado con momentos de oscuridad y de luz, llamas parpadeantes y sonidos antinaturales. Según se dice, los eventos concluían «alegremente» con un retablo viviente que representaba el regreso de Perséfone del inframundo y el reencuentro con su madre.

Armstrong explica que los misterios eleusinos no trataban de inculcar una doctrina racional a los iniciados. En realidad, si elaborases una descripción de la ceremonia parecería, desde un punto de vista objetivo, bastante tonta y arbitraria. Lo interesante de los misterios era el estado psicológico que provocaban. Muchos regresaban de esos rituales sin miedo a la muerte; otros describían la experiencia como un momento de posesión divina. «Aristóteles, en un compendio maravilloso del proceso religioso, aclara que los *mystai* no iban a Eleusis a aprender (*mathein*) nada, sino a vivir una experiencia (*pathein*) y a experimentar un cambio mental radical (*diatethenai*)».

En este relato de los cultos mistéricos de la antigua Grecia aprendemos algo crucial sobre los rituales en general: que su poder no reside en las actividades específicas que se efectúan, sino en su efecto transformador sobre la mente. Así, cuanto más impactantes y notables sean los comportamientos, más posibilidades tienen de inducir cambios útiles. Los largos paseos de Mary Oliver por el bosque son un buen ejemplo. A medida que se adentraba entre los árboles y su seguridad emocional se veía amenazada, su estado mental se volvía más crudo y receptivo. Es de suponer que, si se hubiera limitado a sentarse en el límite del bosque, sin adentrarse en él, el impacto habría sido más débil. Es decir, este ritual fue necesario para encender la chispa de su creatividad.

Las opciones para estas ceremonias poéticas son inmensas. En *Rituales cotidianos*, Mason Currey cataloga una variedad de rutinas excéntricas y transformadoras, desarrolladas por grandes pensadores y creadores. Por ejemplo, David Lynch solía pedir un batido grande de chocolate en un restaurante Bob's Big Boy; luego aprovechaba el subidón de azúcar para extraer ideas de su subconsciente y garabatearlas en una servilleta. N. C. Wyeth se despertaba a las 5 de la mañana para cortar leña más de una hora antes de subir a su estudio, situado en una colina. Anne Rice escribió *Entrevista con el vampiro* por las noches, durmiendo durante el día, ya que la oscura quietud la ayudaba a alcanzar el estado de ánimo ideal para crear su cuento gótico. Cuando vivía cerca de la villa francesa de Ain, Gertrude Stein se despertaba a las 10 de la mañana, se tomaba un café y luego se bañaba en una bañera enorme. A continuación, se vestía y salía a caminar por los alrededores con su pareja, Alice B. Toklas, buscando un lugar propicio para trabajar. Cuando lo encontraba, se sentaba en un taburete plegable con un lápiz y un cuaderno y se ponía a escribir.

Mi consejo sobre este tema tiene dos partes. En primer lugar, elabora tus propios rituales en torno al trabajo que consideres más relevante. Una vez que lo hagas, asegúrate de que tus rituales sean lo bastante impresionantes como para transformar tu estado mental hacia algo que te ayude en la consecución de tus objetivos. El segundo principio de la productividad te pide que trabajes a un ritmo más natural. Y es adecuado que esta sugerencia sobre los rituales cierre el capítulo, ya que hay pocas estrategias que transformen de forma más eficaz tu percepción del tiempo —reduciendo la ansiedad y acercándote hacia lo más natural— que añadir un toque de misterio poético a tus proyectos.

5 | OBSESIÓNATE POR LA CALIDAD

El tercer principio de la slow productivity

A principios de los noventa se empezó a ver algo inusual en una callejuela cerca de Pacific Beach, un destino popular de San Diego para los surfistas «de tabla larga» (*longboarders*). Los jueves por la noche, un grupo de personas se reunía en el Inner Change Coffeehouse; al principio era poca gente, pero a medida que pasaban las semanas el grupo fue creciendo hasta ocupar todo el modesto café. La multitud se agolpaba en la acera, fuera del local, mirando a través del cristal y escuchando un pequeño par de altavoces que reproducían la música que sonaba dentro.

El motivo que atraía a tanto público era una cantautora de 19 años, conocida por su nombre de pila: Jewel. Por aquel entonces vivía en su coche, hacía trabajos esporádicos y tocaba la guitarra en la playa de San Diego. Su existencia era precaria. Poco antes de iniciar su notable carrera en el Inner Change Coffeehouse sufrió una infección renal con fiebre y vómitos que tuvo que pasar como pudo en el asiento trasero de su coche, porque en el servicio de urgencias del hospital la rechazaron por no tener seguro. Un médico que presenció la escena se la encontró en el coche, en el aparcamiento, y le dio antibióticos gratis, lo que es probable que le salvara la vida.

Pero lo que salvó a Jewel en esa época fue su habilidad para interpretar temas de bandas folk ella sola con su guitarra; y es la cualidad que ha estado cultivando casi toda su vida. Cuando era pequeña, sus padres llevaban un espectáculo musical por los hoteles de Anchorage, Alaska. Jewel empezó a canturrear con ellos a los cinco años, vestida con un traje suizo hecho a mano. (Sus abuelos paternos habían emigrado a Alaska desde Suiza). Practicaba sin descanso para dominar la técnica, lo que le proporcionó una base de control vocal que más tarde aprovecharía con gran éxito en su carrera profesional.

Sus padres se divorciaron cuando tenía ocho años. La madre se marchó, dejando al padre al cuidado de sus hijos, y este decidió trasladarse a la granja familiar, a las afueras de Homer, Alaska, un centro de pesca del fletán. Al cabo de poco tiempo la familia ya vivía de la música, con Jewel haciendo el papel de su madre en el espectáculo y cantando a dúo con su padre, mientras su hermano se ocupaba de la mesa de sonido. Las actuaciones en lujosos hoteles pasaron a la historia y la familia empezó a tocar en «bares *honky tonks, juke joints*, restaurantes, bares frecuentados por leñadores y veteranos». Jewel prefería los bares de moteros, porque los hombres barbudos y sus mujeres la protegían.

El resto de su infancia transcurrió de una manera desordenada: iba y venía entre Homer y Anchorage, y hacía giras con su padre por todo el país. Visitaron ciudades y pueblos del interior, y llegaron incluso a actuar en los aislados pueblos inuit. Vivían en una pequeña caravana y, por extraño que parezca, yendo un día a trabajar a la ciudad a caballo (todavía no tenía el permiso de conducir) conoció a Joe, un profesor de danza que estaba organizando un *clinic* de dos semanas en Homer. El tal Joe daba clases también en la prestigiosa Interlochen Arts Academy, situada en un cuidado terreno de 485 hectáreas a las afueras de Traverse City, Michigan. Impresionado por la voz que había desarrollado esa chica, en una madurez precoz debida a una infancia de actuaciones maratonianas, Joe la ayudó a inscribirse en Interlochen y a apuntarse a la audición. Jewel fue aceptada, pero tardó un tiempo en adaptarse a esa nueva vida: poco después de empezar el curso, el rector la llamó a su despacho para informarle de que no era apropiado pasearse por el campus con un cuchillo atado a la pierna.

En Interlochen recibió formación vocal profesional y, en general, aprendió a considerar el arte como algo serio. Tal vez igual de importante fuera que durante este periodo empezase a escribir canciones. Al no poder regresar a Alaska para las vacaciones escolares, se dedicó a hacer autostop con su guitarra los días que la escuela estaba cerrada. En estos viajes escribió las primeras versiones de canciones como *Who Will Save Your Soul* y *You Were Meant for Me*, aprovechando como fuente de inspiración lo que veía y oía en sus viajes.

Tras graduarse empezó de nuevo a vagar por ahí, hasta que se trasladó a San Diego, donde vivía su madre. Estuvieron juntas un tiempo en una casa que no podían pagar y que acabaron perdiendo. Entonces se mudó a una caravana aparcada junto a un bonito árbol floreado, cerca de Pacific Beach. Un día, regresando a casa, pasó por delante del Inner Change Coffeehouse y vio que su aspecto era bastante decadente. Así que entró y se presentó a su dueña, Nancy. Charlaron un poco y Nancy le contó que estaba planteándose cerrar el negocio. Casi sin pensarlo, Jewel le hizo una oferta.

—¿Crees que podrías mantenerlo abierto dos meses más? —le preguntó.

—¿Por qué? —replicó Nancy.

—Si consigo traer gente, yo me quedo con el dinero de las entradas y tú con la recaudación del café y la comida, y así lo llevamos entre las dos.

Nancy aceptó y Jewel se fue con su guitarra al paseo marítimo de San Diego para promocionar el espectáculo. Cuando la gente se paraba a escucharla, ella les decía que tenían que ir a verla al Inner Change los jueves por la noche. Para su primera actuación solo consiguió convencer a varios surferos. Pero, a pesar del reducido tamaño del grupo, «lo dio todo». Lo recuerda así:

Cuando empezó a entrar el público decidí abrir mi alma. Todavía no había tocado ni un acorde y la gente ya me quería. Sé que esto suena superficial, pero no lo era. Era yo tal cual soy [...] Era tan puro [...] La gente empezó a llorar, y yo también. Hubo una auténtica conexión. Por primera vez en mi vida, sentía una conexión humana verdadera y no me asustaba, me sentía bien.

La vida de Jewel hasta ese momento había estado marcada por las complicadas fuerzas del talento y el dolor. Cuando decidió abrir su alma los resultados fueron auténticos, puros y, según la mayoría, espectaculares. La noticia corrió como la pólvora y la audiencia se multiplicó semana tras semana. Al cabo de seis meses, sus fans se agolpaban en la acera, fuera del café, porque dentro ya no cabían. Luego empezaron a aparecer ejecutivos de discográficas en sus limusinas para escuchar a la joven sensación. «Vinieron de todos los sellos, de todos», recuerda Jewel. Y empezaron a llevarla en avión a reuniones en lujosas oficinas. Se desató una guerra de ofertas, hasta que al final le ofrecieron un contrato de *un millón de dólares*. Y Jewel dio el paso que hará su historia interesante para nuestro debate sobre la *slow productivity*. Abrumada por este giro repentino en su vida, que la hacía sentirse ambiciosa y asustada a la vez, tomó una decisión inesperada: firmaría el contrato, pero no aceptaría el dinero. «Rechacé el anticipo, una prima de un millón de dólares. Como una sintecho», recuerda.

Cuando Jewel empezó a atraer la atención en el Inner Change Coffeehouse, no tenía mánager ni abogado. Intimidada por los ejecutivos que la invitaban a cenar después de su espectáculo de los jueves por la noche, fue a una biblioteca y encontró un libro titulado *All You Need to Know About the Music Business*. Gracias a él aprendió que los anticipos no son más que préstamos que tienes que devolver con tus ganancias. Jewel echó cuentas y vio que, para que la discográfica recuperara la prima de un millón de dólares, tendría que vender una gran cantidad de discos casi de inmediato, algo que le parecía imposible tratándose de una artista de folk en una época en la que el grunge dominaba la industria; además de que llevaba tan solo un año como profesional, y siempre tocando y cantando en el mismo bar.

«Tenía que colocarme en un entorno y una posición en que pudiera triunfar como cantante y compositora», recuerda haber pensado. Y la manera de hacerlo era siendo barata. Si no le costaba mucho dinero a la discográfica, razonó, sería menos probable que la abandonaran si no lograba un éxito inmediato. Además, tendría libertad para seguir puliendo su arte y buscando algo nuevo y excepcional con su música. «Solo lo hacía para ponerme en una situación que me permitiera que mi arte fuera la prioridad —explicó más tarde—. Para aprovecharlo de la manera más adecuada». Incluso adoptó un lema para su perspectiva: «La madera noble crece despacio».

Esta apuesta por la calidad frente a los beneficios rápidos se materializó en su elección de productor. Su sello, Atlantic Records, le propuso 20 nombres para que eligiera; muchos eran peces gordos de la industria, conocidos por su habilidad para crear futuros discos de oro. Pero Jewel, que buscaba algo diferente, un sonido más puro y auténtico, los rechazó a todos. Un día que ella y su mánager estaban escuchando la canción de Neil Young *Harvest Moon*, se dio cuenta de que *ese* era el sonido que quería. Le dieron la vuelta al CD para descubrir el nombre del productor: Ben Keith. Jewel le pidió a su mánager que telefoneara a Keith y le preguntara si querría trabajar en su álbum. Dijo que sí. Así que la chica abandonó la bulliciosa Los Ángeles para pasar varias semanas en el rancho de Neil Young en el norte de California, trabajando en los temas para su disco con la banda de este, los Stray Gators.

Cuando en 1995 lanzó su primer álbum, *Pieces of You*, fue un fracaso. «La radio me odiaba, me odiaba mucho, me detestaba —explica Jewel—. Estás pensando en Nirvana o Soundgarden y, de repente, escuchas una canción como *You Were Meant for Me* y dices "No"». Lo cierto es que, como a la discográfica no le había costado demasiado dinero, no la rechazaron. Esto le permitió enfocar su energía en construir una base de fans gracias a sus giras, que empezó a hacer a un ritmo imparable, asumiendo lo que describió como «una enorme carga de trabajo». Fiel a su plan, mantuvo bajo su nivel de gasto; en vez de contratar un autobús y a un mánager para sus giras, viajaba en un coche alquilado y actuaba sin banda. En un momento dado, llegó a firmar un acuerdo con el grupo Earth Jam, que le ofrecía transporte gratis a sus conciertos nocturnos a cambio de participar en un festival de día, de temática medioambiental, que habían organizado para institutos.

En vista de que las ventas seguían sin crecer, Jewel se sintió obligada a dar un giro hacia un estilo más lucrativo. Decidió retirarse a un estudio de grabación en Woodstock, Nueva York, para empezar a grabar un segundo álbum con unas letras más atrevidas y movidas, que encajarían mejor como alternativa al grunge imperante en la época. También aceptó el plan de su discográfica de que un productor de primera categoría, Juan Patiño —famoso en ese momento por su trabajo en el sencillo *Stay*, de Lisa Loeb—, retocara su *You Were Meant for Me* y le diera un ritmo más rápido, al estilo pop. («No me gustó nada», fue la reacción silenciosa de Jewel al retoque de Patiño). Justo cuando sufría estas tentaciones, Neil Young la llamó y le pidió que fuera telonera suya y de Crazy Horse en su gira de ese año. Mientras esperaba para salir al escenario, Young notó la ansiedad de Jewel. Al preguntarle qué le pasaba, ella le contó todas las presiones y el estrés que estaba experimentando. Y él le dio un consejo tajante: «No escribas nunca para la radio. Nunca».

Jewel siguió la recomendación de Young y volvió a su plan de tomárselo con calma y centrarse en la calidad. Descartó el segundo álbum, que tenía a medio hacer, y archivó la versión de Patiño de *You Were Meant for Me*. En su lugar, multiplicó sus giras, centrándose en los campus universitarios y en las emisoras de radio para público estudiantil. Esta estrategia empezó a dar frutos, y su primer sencillo, *Who Will Save Your Soul*, obtuvo una fugaz posición en las listas de éxitos. Tradujo entonces todo lo que había aprendido de sus giras a una versión nueva y mejorada de *You Were Meant for Me*. Consideraba que en la primera versión —la que había grabado en el rancho de Neil Young— estaba demasiado nerviosa y no se notaba a gusto tocando con una banda. Su nueva versión, más relajada y sentimental, contó con la participación de su viejo amigo Flea, de Red Hot Chilli Peppers, tocando el bajo. Entonces todo empezó a mejorar. Tras lanzar un vídeo sensual y provocador para *You Were Meant for Me*, aquello explotó: el álbum pasó de vender unos pocos miles de copias el primer año a cerca de un millón al mes. «Fue asombroso. Una pequeña bola de nieve había ido creciendo hasta provocar un enorme alud», recuerda Jewel. La madera noble crece despacio.

La estrategia de anteponer el arte a la fama es un bonito ejemplo del tercer y último principio de la *slow productivity*: obsesiónate por la calidad. Tal y como se observa en la siguiente definición, cuando centras tu atención en producir tu mejor trabajo posible, una lentitud más humana se hace inevitable:

TERCER PRINCIPIO: OBSESIÓNATE POR LA CALIDAD

Preocúpate por la calidad de lo que produces, aunque esto suponga perder oportunidades a corto plazo. Aprovecha el valor de estos resultados para obtener cada vez más libertad en tus proyectos a largo plazo.

En los siguientes apartados de este capítulo desvelaremos la fructífera conexión entre la calidad y la *slow productivity*, y que hemos visto en el caso de Jewel. La calidad exige que bajes el ritmo, que te relajes. Una vez lo hayas conseguido, tendrás más control sobre tu actividad profesional, y el impulso necesario para no actuar de forma frenética. Después de estos apartados aclaratorios, te ofreceré un par de consejos prácticos para que la obsesión por la calidad pase a formar parte de tu vida.

Hay un motivo para que este principio sea presentado el último: es el pegamento que une la práctica de la *slow productivity*. Hacer menos cosas y trabajar a un ritmo más natural son componentes necesarios de esta filosofía, pero si aplicas estos principios sin acompañarlos de una obsesión por la calidad, entonces puede que solo te sirvan para deteriorar tu relación con el trabajo, al considerar tu labor como una imposición que debes «domar». Es en la obsesión por lo que produces donde la lentitud manifiesta su función como una estrategia más en los áridos campos de batalla de los conflictos entre el trabajo y la vida, y donde se convierte en un imperativo necesario, en el motor que dirige una vida profesional significativa.

De la venta de discos a la libertad del correo electrónico; o por qué los trabajadores del conocimiento deberían obsesionarse por la calidad

La importancia de la calidad está muy clara en el contexto artístico. Jewel era muy buena cantante, y por eso Atlantic Records le ofreció una prima de un millón de dólares. Sin embargo, en el trabajo del conocimiento estas conexiones se vuelven más confusas. Muchos no hacemos solo una cosa (como cantar o actuar en películas) en función de la cual se evalúa nuestro rendimiento profesional. La condición *sine qua non* del trabajo del conocimiento es, por el contrario, hacer malabarismos entre diferentes objetivos. Yo mismo, como profesor, doy clases, solicito becas, hago el papeleo de las subvenciones que nos conceden, tutorizo a mis estudiantes, participo en comités, redacto informes, viajo para presentarlos y me ocupo de editarlos para su publicación. En cada momento, todo parece de suma importancia. Y la mayoría de los trabajos en este sector son igual de variados.

Sin embargo, si nos fijamos bien incluso en el trabajo del conocimiento hallamos, ocultas en nuestras abarrotadas listas de tareas pendientes, una o dos actividades que son de verdad fundamentales. Cuando los profesores nos postulamos para promocionar a un cargo superior, por ejemplo, la mayor parte de nuestras ocupaciones cotidianas dejan de tenerse en cuenta. La decisión final depende de unas cartas de recomendación confidenciales que se solicitan a una serie de académicos destacados, quienes discuten la importancia y el impacto de nuestra investigación en la disciplina. Al final, lo que más nos importa son los trabajos de investigación relevantes; si no hemos avanzado de manera notable en nuestro ámbito académico, ninguna lista de tareas podrá salvarnos. Otros trabajos del sector del conocimiento tienen diferentes actividades cruciales escondidas en su batiburrillo de asuntos por resolver. De la misma manera que Jewel tuvo que convertirse en una gran cantante, el diseñador gráfico tiene que producir una buena obra, la directora de desarrollo tiene que generar dinero para la empresa, el propietario de un comercio tiene que vender productos, y la gerente tiene que liderar un equipo que funcione.

El tercer y último principio de la *slow productivity* pide que te obsesiones por la calidad de las actividades centrales en tu vida profesional. El objetivo no es tanto llegar a hacer muy bien tu trabajo porque sí, que también está bien, sino centrarte en la calidad de lo que produces, porque resulta que la calidad está conectada de formas inesperadas con nuestro deseo de escapar de la seudoproductividad y de bajar el ritmo.

Quizá lo más impresionante de la historia de Jewel es la prima millonaria que le ofrecieron. Pero, para nuestro propósito, lo que más nos importa es el hecho de que la rechazara. Según explica, se dio cuenta de que necesitaba elevar su arte a un nivel superior de calidad para sostener una larga carrera en la industria musical. Rechazar el dinero la hizo más barata para la discográfica y, por tanto, le concedió tiempo para mejorar. Este mismo efecto se puede aplicar a muchos campos diferentes: la obsesión por la calidad suele exigir que ralentices el ritmo de trabajo, ya que la concentración necesaria para mejorar no es compatible con la actividad frenética.

El ejemplo más famoso de esto en el contexto del trabajo del conocimiento quizá sea el regreso triunfal de Steve Jobs a Apple. Cuando fue nombrado director interino de Apple en 1997, la empresa acababa de pasar un bache: el trimestre previo, las ventas habían caído un 30%. Enseguida vio que el problema de Apple tenía que ver con su extensa gama de productos. (En respuesta a las exigencias de los minoristas, la empresa había ido desarrollando numerosas variaciones de sus ordenadores principales, incluyendo una docena de versiones diferentes de su otrora elogiado Macintosh). Según su biógrafo, Walter Isaacson, Jobs formuló una sencilla pregunta a su equipo directivo: «¿Cuál recomiendo a mis amigos que se compren?». Al ver que no podían darle una respuesta clara, tomó la decisión de simplificar la gama de productos a solo cuatro ordenadores: uno de sobremesa y uno portátil para usuarios profesionales, y uno de sobremesa y uno portátil para usuarios ocasionales. De esta manera, no habría confusión a la hora de elegir qué ordenador era el más adecuado para cada persona.

Esta simplificación permitió a Apple centrar sus esfuerzos en la calidad y la innovación, y así lograr que este número reducido de productos destacara. Fue la época en la que lanzaron el colorido iMac y el fantástico iBook con estuche. La decisión de anteponer la calidad frente a la variedad resultó muy eficaz. Durante el primer año de Jobs, cuando su plan todavía se estaba empezando a poner en marcha, Apple perdió más de 1000 millones de dólares. Al año siguiente, sin embargo, obtuvo unos beneficios de 309 millones. «Decidir qué no hacer es tan importante como decidir qué hacer», explicó Jobs.

La relación entre la calidad y la reducción del ritmo de trabajo también se da a escalas más pequeñas. La encuesta que hice a mis lectores incluía muchos ejemplos de personas que habían descubierto que para incrementar la calidad habían tenido que bajar su ritmo de trabajo. Una consultora llamada Chris, por ejemplo, logró mejorar «mucho» la calidad del trabajo de su equipo con los clientes relegando el uso del correo electrónico a una hora por la mañana y media por la tarde, y exigiéndoles también que reservaran un periodo de tres horas de trabajo profundo cada tarde, sin reuniones, mensajes ni videollamadas. Abby, director de investigación, me contó una historia parecida. Llevaba tiempo «ocupándose de muchos proyectos», lo cual le agobiaba bastante, hasta que al cambiar de puesto decidió adoptar una estrategia diferente: centraría su energía en solo dos objetivos fundamentales. Esta claridad le ayudó a salir del ritmo ajetreado y la sobrecarga de trabajo que llevaba tiempo sufriendo. «Tener en mente estos dos objetivos clave me ayuda a saber a qué decir que no y a marcarme un ritmo», explicaba. Bernie, consultor de una ONG, también consiguió bajar el ritmo y enfocar más sus esfuerzos gracias a poseer «un propósito/visión bien definido», y lo resumía diciendo: «Un poco de trabajo de calidad cada día produce unos resultados más satisfactorios que el trabajo frenético continuado».

El primer principio de la *slow productivity* sostiene que deberías hacer menos cosas, porque la sobrecarga no es un enfoque humano ni pragmático para organizar tu trabajo. Sin embargo, este tercer principio, centrado en la calidad, lleva la simplicidad profesional de ser una opción a un imperativo. Una vez que te has comprometido a hacer algo muy bien, el estrés se vuelve intolerable. En otras palabras, este tercer principio te ayuda a aferrarte al primero. Sin embargo, como veremos a continuación —cuando volvamos a la historia de Jewel—, esta relación entre la calidad y hacer menos cosas también incluye una tercera capa más sutil.

En 1998, tras el meteórico éxito de su primer álbum, Jewel sacó el segundo, titulado *Spirit*; este debutó como número 3 en las listas Billboard y vendió más de 350.000 copias en su primera semana en el mercado. Para mantener el récord, Jewel se embarcó en una gira internacional de seis meses. Por esa misma época hizo su debut en el cine, en *Ride with the Devil*, de Ang Lee. Aumentaron las presiones para que se trasladara a Los Ángeles y así poder hacer más pruebas como actriz entre álbum y álbum. En este momento álgido de su carrera empezó a plantearse otras cosas. «No estaba segura de que me gustara en lo que se había convertido mi carrera. Se había ido haciendo cada vez más grande, hasta ser una máquina que me consumía», explica en sus memorias. Rompiendo con la lógica de la industria del entretenimiento de aprovechar la coyuntura, Jewel decidió bajar el ritmo y, en lugar de mudarse a Los Ángeles, se instaló en un rancho de Texas con su entonces novio, el jinete de rodeo Ty Murray, alegando que «no necesitaba ser más rica o famosa». Nunca más volvería a hacer una gira internacional.

Ya hemos comentado que para mejorar la calidad hay que bajar el ritmo. Podemos ver la relación entre estos dos aspectos en el ejemplo de Jewel, cuando decide abandonar el trepidante ritmo de la industria musical. Para explicar mejor lo que estoy diciendo, dejemos a un lado el enrarecido mundo de las giras internacionales y centrémonos en un modesto hogar de estilo moderno, oculto al final de un largo sendero en el templado bosque tropical de la isla de Vancouver. Allí encontraremos a Paul Jarvis. Es difícil describir con exactitud a qué se dedica Jarvis; lo único que sabemos es que trabaja con un ordenador y que su ocupación le permite pasar bastante tiempo al aire libre, haciendo excursiones y trasteando en el jardín. Como veremos más adelante, este hermetismo es, en cierto sentido, lo que se pretende.

Conocí a Jarvis cuando su editor me envió una copia de su libro *Company of One*, publicado en 2019. Me impresionó la osadía de su premisa: no hagas crecer tu negocio. Si tienes la suerte de que tu empresa haya empezado a prosperar, aprovecha ese éxito para tener más libertad, no mayores ingresos. Esta dinámica la explica muy bien un experimento bastante simple: imagínate que cobras 50 dólares por hora diseñando páginas web. Suponiendo que trabajas 40 horas semanales y 50 semanas anuales, el total será un sueldo de 100.000 dólares al año. Ahora imagínate que tras varios años trabajando a este nivel mejoras tus técnicas y se incrementa la demanda de tus servicios. La solución lógica sería ampliar el negocio. Si contrataras a varios diseñadores podrías hacerlo crecer hasta el punto de que generara millones de ingresos anuales y te reportara un sueldo muy superior a esos 100.000 dólares anuales. Si continuaras esta tendencia, acabarías teniendo un negocio lo bastante rentable para venderlo por una suma nada despreciable de siete cifras.

En su libro, Jarvis nos invita a considerar una alternativa: ¿qué pasaría si, en vez de hacer crecer tu negocio, incrementaras tus honorarios a 100 dólares la hora? Seguirías manteniendo tu sueldo de 100.000 dólares anuales, pero trabajarías solo 25 semanas al año, logrando con ello una vida laboral con un grado de libertad impresionante. Es evidente que sería maravilloso ganar un sueldo de siete cifras a diez años vista, pero teniendo en cuenta el estrés y el ajetreo requeridos para construir un negocio del tamaño necesario, no está claro si dentro de diez años estarás en una situación mejor que la actual para reducir tu esfuerzo a la mitad.

La filosofía de Jarvis se refleja en las decisiones que ha tomado en su vida profesional. Estudió ciencias informáticas en la universidad, pero también tenía un talento natural para el diseño visual. Estas dos habilidades eran la combinación perfecta para el éxito en el sector emergente del diseño web durante el primer boom de internet, en la década de los noventa. Jarvis creó varias webs atractivas y enseguida le llovieron las ofertas. Al poco, se había convertido en un ocupadísimo diseñador web y vivía en el centro de Vancouver, en «un cubículo acristalado en las alturas». Sentía la presión habitual por hacer crecer su pequeño negocio: si tuviera más ingresos podría optar a un apartamento mejor y gozar de mayor prestigio. Pero, aunque sus habilidades le habrían permitido seguir por ese camino profesional tan trillado, su corazón le decía que no lo hiciera. «Mi mujer y yo estábamos hartos de la ciudad —recordó en una entrevista de 2016—. Habíamos prosperado en un mundo muy competitivo y ahora queríamos algo diferente». Consciente de que su trabajo podía llevarlo a cabo desde cualquier lugar con conexión a internet, decidió mudarse al campo, a las afueras de Tofino, en la costa del Pacífico de la isla de Vancouver; así su mujer, que era surfista, podría disfrutar de las famosas olas de esta tranquila ciudad.

Una vez allí, descubrieron que la frugalidad es fácil cuando vives en esos bosques, sobre todo porque no hay tantas oportunidades de gastar dinero. «Cuando teletrabajas, no hay nadie que haga las cosas por ti, así que tienes que trabajar mucho», explicó Jarvis. Liberado de la necesidad de incrementar sus ingresos para hacer frente a los gastos de vivir en la ciudad, aprovechó sus crecientes habilidades para que sus responsabilidades laborales fueran flexibles y contenidas. Al principio se centró en los contratos de diseño como autónomo. Al estar muy solicitado podía mantener unos honorarios elevados y un reducido número de proyectos. Al final, cansado de los plazos de entrega y de la comunicación con los clientes, analizó nuevas maneras de transformar sus excelentes habilidades y su reputación para ganar más tranquilidad aún. Empezó probando con cursos online orientados a diversos nichos temáticos, interesantes para los autónomos. También comenzó a presentar un par de podcasts y lanzó, con discreción, algunas herramientas de software dirigidas a mercados reducidos; la última, Fathom Analytics, una alternativa a Google Analytics que preserva mejor la privacidad del usuario.

Es difícil detallar la lista de cosas en las que Jarvis ha estado trabajando en los últimos años, lo cual demuestra que es un hombre de muchas ideas que ha dejado atrás un rastro de URL inexistentes y sitios web obsoletos. Esto cabría esperar de alguien que no está tratando de inventar la próxima Microsoft, sino que pretende tener una cantidad de trabajo *suficiente* para atraer su curiosidad, sin dejar de mantener un estilo de vida lento y humilde. «Me despierto con el sol y nunca he tenido despertador —explica Jarvis—. Mientras se hace el café, miro por la ventana y veo retozar a los conejos, zumbar a los colibríes y, de vez en cuando, a algún mapache que está cargándose mi jardín».

Tanto Jewel como Paul Jarvis aprendieron algo parecido en sus carreras: al mercado no le preocupa tu interés por bajar el ritmo. Si quieres gozar de más control sobre tu agenda, tendrás que ofrecer algo a cambio, y casi siempre serán tus propias habilidades. Lo que hace que la historia de Jarvis sea tan esperanzadora es su demostración de que los beneficios de «obsesionarse» por la calidad no exigen que dediques tu vida a perseguir el estrellato. Él no vendió 15 millones de discos, sino que fue mejorando sus competencias, su ventaja competitiva, que era muy útil en su ámbito profesional. Y eso fue suficiente, aprovechándolo de la manera adecuada, para llevar una vida profesional más simple. Nos hemos acostumbrado tanto a la idea de que la única recompensa al mejorar nuestras habilidades es tener un sueldo más alto y más responsabilidades que olvidamos que los frutos de la calidad también pueden cosecharse en forma de un estilo de vida más sostenible.

Ya hemos explicado dos formas complementarias en las que la obsesión por la calidad apoya el rechazo a la seudoproductividad: *exige* y, a la vez *permite,* la lentitud. Motivadas por estas realidades, las propuestas que presento a continuación te ayudarán a reconstruir tu vida laboral en torno al objetivo de hacer mejor lo esencial. También te guiarán hacia la mejor manera de aprovechar las oportunidades de simplificar que esto te brindará. Ahora bien, cuando sigas este consejo concreto ten en cuenta el ejemplo de Chris, el consultor que despeja de reuniones y correo electrónico las horas centrales del día, o el de Paul Jarvis caminando por el amplio jardín de su casa de Tofino. La obsesión por la calidad no supone solo ser mejor en el trabajo, es también una especie de arma secreta para quienes tengan interés en un enfoque más lento de la productividad.

Propuesta: mejora tu gusto

Una de las afirmaciones más pragmáticas sobre hacer un trabajo de calidad la expresó Ira Glass, creador y presentador del famoso programa de la *NPR This American Life*. En una entrevista sobre la producción radiofónica y la narración de historias, reproducida online en múltiples ocasiones, Glass ofrecía el siguiente consejo:

Quienes nos dedicamos al trabajo creativo nos metemos en ello porque tenemos buen gusto [...] Aunque es como si hubiera un vacío, porque los dos primeros años hacemos cosas, pero no son lo bastante buenas [...] no son tan buenas [...] Si estás empezando y te encuentras en esta fase, debes saber que es muy normal y que lo que has de hacer es seguir trabajando mucho [...] Ponte un plazo para saber que cada semana o cada mes tienes que terminar una historia [...] Asumiendo una gran cantidad de trabajos te pondrás al día y cerrarás ese vacío, y el trabajo que producirás llegará a ser tan bueno como tus ambiciones.

Glass identifica el «gusto» como esencial para conseguir la calidad. El acto de crear se descompone en una serie de «erupciones» espontáneas de nuevas posibilidades que luego deberán filtrarse en función de la comprensión de lo que funciona y lo que no; se trata de la intuición a la que llamamos «gusto». En *Bird by Bird*, la novelista Anne Lamott refleja con elegancia este ritmo del arte de crear: «Vuelves a tu mesa de trabajo con la mirada perdida en las páginas que escribiste ayer. Y en la página cuatro hay un párrafo lleno de vida, olores, sonidos, voces y colores. Entonces dejan de preocuparte las primeras tres páginas, o las que tirarás o las que tuviste que escribir para llegar a esta cuarta página, para llegar a este largo párrafo que era lo que tenías en mente cuando empezaste a escribir, aunque entonces no lo supieras». El gusto, en este proceso, es la brújula que te guía en los picos y te aleja de los valles en medio del paisaje del proceso creativo.

En su exposición, Glass se centra en la brecha que suele haber entre el gusto y la capacidad, en concreto al principio de una carrera creativa. Es más fácil reconocer lo que está bien, afirma, que dominar las técnicas necesarias para alcanzar ese nivel de perfección. En mi caso, reconozco la genialidad que hay en la secuencia épica de 3 minutos que abre *Boogie Nights*, de Paul Thomas Anderson, pero yo mismo sería incapaz de filmar algo tan bueno. En esta realidad reside cierta frustración: tu gusto te lleva hacia el mejor trabajo que eres capaz de producir en un momento dado, pero también te provoca una sensación de decepción con el resultado final. Glass afirma que mejoramos cuando deseamos acallar esta incómoda autoevaluación, esto es, reducir la brecha entre nuestro gusto y nuestra capacidad. Y anima a quienes empiezan a seguir esforzándose para cubrir esta brecha.

Es un consejo útil, sin duda, pero se olvida de un elemento también esencial: el desarrollo previo del gusto. «Quienes nos dedicamos al trabajo creativo lo hacemos porque tenemos buen gusto», afirma Glass. Pero ¿de dónde procede este discernimiento? En otra entrevista, habla de la decepción que siente por la baja calidad de sus primeros trabajos radiofónicos. En una charla en el podcast de Michael Lewis, por ejemplo, Glass analiza un reportaje de radio que grabó en 1986 sobre el 75 aniversario de las galletas Oreo; y le cuenta a Lewis que aquello era «mediocre» y «no fue un buen reportaje». Esto podría ser un ejemplo de la brecha entre el gusto y la capacidad, que según Glass todos los creativos deben superar, pero a medida que avanza la conversación queda claro que no se dio cuenta de los defectos de su trabajo cuando lo hizo: «Recuerdo que cuando terminé era como si sintiera: está bien, lo he terminado, por fin sé lo que estoy haciendo».

Lo que tenemos aquí es una historia más detallada sobre la producción del trabajo de calidad. Su gusto en 2022 es más refinado que en 1986. Y su éxito no se debe solo al afán por alcanzar el nivel que deseaba, sino también a sus *esfuerzos* por mejorar el propio nivel de referencia con el tiempo. Si regresamos al ejemplo de los novelistas hallaremos esta realidad reflejada en la omnipresencia de los programas MFA en la formación de famosos escritores noveles. He analizado la biografía de cinco finalistas de los últimos premios PEN/Hemingway for Debut Novel (mientras escribía este capítulo), muy prestigiosos en la literatura de ficción. De estos cinco, cuatro asistieron a o impartieron programas MFA antes de publicar sus libros galardonados. La cuestión es que el poder de estos programas no es tanto lo que enseñan sobre el oficio de escribir, porque esto es mínimo, como las posibilidades de intercambio con una comunidad de escritores que ofrecen al novelista en ciernes. Cuando te pasas dos años leyendo, opinando y admirando el trabajo de otros escritores jóvenes que están llevando su prosa hacia nuevas e interesantes direcciones, sin duda se agudiza tu criterio. Por supuesto, no es imprescindible participar en estos programas para tener éxito. Colson Whitehead, por ejemplo, es uno de los novelistas más talentosos de su generación, y nunca estudió más allá de su licenciatura. El motivo de que estos programas sean tan comunes entre los escritores de éxito es que contribuyen a formar el gusto literario.

Cuando idolatramos la obsesión por la calidad al estilo de Ira Glass tendemos a pasar por alto la importancia de desarrollar primero nuestros filtros internos. Es más emocionante centrarse en el esfuerzo, la determinación y la diligencia; sin embargo, por mucho que te machaques respecto a tu programa de radio o el manuscrito de tu novela, nunca llegarás a ser brillante si no tienes claro lo que significa ser brillante. Mi siguiente propuesta pretende cubrir esta laguna. A continuación, te ofrezco una serie de consejos prácticos que te ayudarán a comprender mejor las posibilidades en tu especialidad.

AFICIÓNATE AL CINE

Una de las mejores cosas que hecho en los últimos años para mejorar la calidad de mis escritos ha sido ver la película de Quentin Tarantino *Reservoir Dogs*. Para entender esta afirmación es importante que sepas que siempre he sido muy cinéfilo. Antes de tener hijos, mi esposa y yo solíamos ir a casi todos los estrenos de las grandes películas. En esa era pre-Netflix, también veíamos muchos de los documentales más interesantes que se abrieron paso en la escena independiente de Boston. Sin embargo, hasta que cumplí 40 años no pensé que sería divertido estudiar el arte de hacer cine de una manera más sistemática. En mi libro *Minimalismo digital* había hablado sobre la importancia de las actividades de ocio de alta calidad, pero a esa edad me di cuenta de que no estaba siguiendo mi propio consejo. Entre mis trabajos de profesor y escritor, mis funciones de padre y mi tendencia a llenar cualquier minuto de mi tiempo libre con la lectura, no tenía nada que pudiera identificar como afición seria, así que decidí probar con el cine.

Empecé leyendo un manual introductorio sobre teoría del cine, pero no me resultó demasiado útil: hablaba de conceptos como la edición y el sonido en términos abstractos y simplificados que hacían de glosario para unos cursos más avanzados que se impartían en una licenciatura. Luego probé con el libro de Roger Ebert *Las grandes películas*, que contiene cien ensayos sobre cien films que el difunto crítico ganador del Pulitzer consideraba fundamentales. Este libro me resultó más eficaz, puesto que iba directo a los elogios sobre películas concretas. La colección de ensayos de Tarantino *Cinema Speculation* también fue una gran fuente de inspiración sobre qué hace que una película sea buena y (igual de importante) divertida.

De todas formas, el ejercicio más útil de todos fue seleccionar una película bien considerada, leer media docena de críticas y artículos sobre ella, y luego verla. Otro ejercicio más avanzado que descubrí fue buscar artículos sobre la película en cuestión en revistas y foros cinematográficos, ya que estos incluían comentarios muy detallados sobre las técnicas de encuadre y los objetivos. ¿Sabías, por ejemplo, que en *Mad Max: Fury Road*, el director George Miller y el director de fotografía John Seale (que abandonó su retiro para esta película) colocaron adrede el foco de cada toma en el centro del encuadre, desafiando la tradición cinematográfica, pero haciendo que la acción de corte rápido fuera mucho más comprensible para el público? Esta técnica de encuadre central, que aprendí en un artículo del director de fotografía Vashi Nedomansky, cambió por completo mi apreciación de la obra maestra de Miller.

Esto nos lleva de nuevo a *Reservoir Dogs*. Mi proyecto autodidacta me llevó, como era de esperar, al clásico film de 1992 de Tarantino, que resucitó el cine independiente tras una década de Hollywood caracterizada por los taquillazos. A medida que iba leyendo sobre el uso que hacía de las narrativas no lineales y la reconstrucción de los tropos de género, empecé a darme cuenta de que mi análisis del cine estaba influyendo en mi forma de pensar sobre mi propia escritura. En la mayoría de mis libros recientes de no ficción, por ejemplo, suelo utilizar un estilo que denomino de manera informal «de autoayuda inteligente»; este combina los tópicos del género —al que fui un gran aficionado de adolescente y adulto joven, y por el que siento un gran afecto— con otras formas más sofisticadas de literatura de no ficción. La mayoría de los libros de estas categorías tienden a incluirse en un estilo o en otro; es decir, o eres Stephen Covey o Malcolm Gladwell. A mí, en cambio, me gusta combinar los dos. No pensé demasiado a la hora de tomar esta decisión, fue simplemente lo que sentía que era más natural para mí en ese momento. Analizando a Tarantino, sin embargo, me di cuenta de que trabajar con tropos de género «inferiores» para perseguir fines superiores es un poderoso ejercicio creativo, siempre que les prestes la atención formal adecuada. Lo que vengo a decir con esto es que el cine no tiene nada que ver con mi carrera de escritor, pero estudiarlo ha ampliado mis ambiciones como autor.

En realidad, el cine no es más que un ejemplo para lo que pretendo demostrar: que resulta útil conocer otros campos *diferentes* al tuyo. Puede resultar desmoralizador estudiar las grandes obras que se han llevado a cabo en tu disciplina, porque ya sabes mucho sobre ellas. Y, al fin y al cabo, enfrentarte a las diferencias entre lo que producen los expertos y tus capacidades actuales es descorazonador. Sin embargo, cuando estudias un campo que no tiene relación con el tuyo la presión se reduce y puedes enfocar el tema con una actitud más abierta. En mi caso, al leer a los grandes autores de no ficción me entusiasma su manera de escribir e intento descubrir qué hacen que yo no hago. Es un ejercicio útil, pero agotador. Por el contrario, cuando analizo una buena película la disfruto sin reservas, y al hacerlo recibo una refrescante descarga de inspiración. Ten esto presente en tu propio camino hacia el desarrollo de una obsesión por la calidad. Conoce bien tu campo, claro que sí, pero fíjate también en lo que hay de extraordinario en otros; allí encontrarás una fuente de inspiración más flexible, un recordatorio de lo que hace que el acto de crear sea tan emocionante.

CREA TU PROPIO GRUPO DE INKLINGS

A mediados de los años treinta, C. S. Lewis, entonces profesor de literatura inglesa en el Magdalen College de la Universidad de Oxford, creó un club literario de carácter informal e invitó a sus amigos, incluido el famoso J. R. R. Tolkien, que también era profesor en Oxford en aquella época. Al principio se reunían casi cada semana en las habitaciones de Lewis en el Magdalen College; allí leían sus borradores y comentaban sus ambiciones literarias. Luego añadieron la tradición de reunirse una mañana por semana para tomar una cerveza y charlar en el pub Eagle and Child de Oxford. Se autodenominaron «los *Inklings*».

En esas reuniones Lewis empezó a interesarse por la ficción especulativa. En 1938, inspirado por el estímulo y el consejo del grupo, publicó *Out of the Silent Planet*, una historia sobre un viaje espacial que intenta corregir ciertas tendencias deshumanizadoras que él y Tolkien habían observado en los primeros escritos de ciencia ficción de la época. Esta fue la primera novela de una trilogía que sentó las bases para que dejara las novelas de ficción y se decantara por el mundo de la fantasía, al que acabaría aportando la serie *Crónicas de Narnia*. Tolkien, por su parte, se inspiró también en el *feedback* de aquel grupo para dar forma a la creciente colección de mitologías de ficción relacionadas que evolucionarían, al final de su vida, hasta convertirse en *El señor de los anillos*. De hecho, el biógrafo de Tolkien, Raymond Edwards, describe a los *Inklings* como una especie de «comadrona» de la obra fantástica de Tolkien.

Posteriormente se describirían a los *Inklings* como un grupo que se reunía con la misión de rechazar el modernismo e introducir unas formas narrativas de fantasía que harían más accesible la moral cristiana. Pero, como afirma Edwards, este análisis era «demasiado solemne» y «exagerado». Y continúa diciendo: «Los *Inklings* eran, ante todo, un grupo de amigos de Lewis [...] Su principal función era escuchar, criticar y animar, como la de muchos otros grupos de "escritores"». Aquí hallamos el aprendizaje que nos sirve: cuando te reúnes con otras personas que comparten las mismas ambiciones profesionales, el gusto colectivo es superior al de cada individuo. Esto se debe, en parte, a la diversidad de enfoques que la gente da a la creación en un ámbito determinado. Al combinar las opiniones de varios practicantes de tu arte emergen más posibilidades y matices. Además, el hecho de actuar para una multitud también te obliga a centrarte más; cuando quieres impresionar a otras personas o hacer una contribución significativa a una conversación, tu mente se pone a funcionar a una velocidad mayor a la normal en una reflexión solitaria. Por tanto, formar un grupo de profesionales con ideas afines que intentan mejorar sus creaciones es una manera rápida de mejorar tu gusto y, en definitiva, supone un avance instantáneo en el nivel de calidad que andas buscando.

CÓMPRATE UN CUADERNO DE 50 DÓLARES

En la primavera de 2010, al inicio de mi primer año como posdoctorado en Informática, tuve el capricho de comprarme un cuaderno de laboratorio de gama alta que había visto en la librería del MIT. El papel era grueso, sin ácido, de una calidad de archivo, cuadriculado y con grandes números de página en negro en la esquina superior derecha de cada hoja; tenía tapas duras y una espiral doble y robusta. Los científicos utilizaban cuadernos de ese tipo para anotar cosas serias. Sin ir más lejos, saben que los registros de sus experimentos y resultados, además de para organizar su trabajo, pueden servir como prueba en litigios sobre patentes. (Por ejemplo, los cuadernos que Alexander Graham Bell guardaba con sumo cuidado le sirvieron para ganar el juicio sobre la patente del teléfono contra su rival, la inventora Elisha Gray).

Eso sí, el precio que has de pagar por gozar de esta calidad extraordinaria es elevado. No recuerdo con exactitud cuánto me costó el cuadernillo en 2010, pero sí que era mucho dinero para mí; creo que fueron unos 50 dólares. De todas formas, este precio fue parte de lo que me atrajo de la libreta: sabía que lo que había pagado me haría tener más cuidado con lo que escribía en sus páginas, lo que a su vez me obligaría a ser más estructurado y cuidadoso en mis pensamientos. Puede parecer extraño, pero el progreso en la investigación en el ámbito de la teoría informática suele reducirse a un juego de ver quién es más valiente: la persona capaz de aguantar más la incomodidad mental de trabajar con un elemento de prueba en su mente es la que terminará con una resolución más aguda. Mi gran autocrítica como investigador en ese momento era que renunciaba demasiado pronto al reflexionar sobre un teorema o un nuevo algoritmo. Esperaba que aquel elegante cuadernillo me mantuviera en el terreno de juego un poco más.

Acabé utilizando ese cuaderno algo más de dos años; registré mis últimas notas en diciembre de 2012, por lo que ese periodo abarcó todo mi posdoctorado y mi primer año como profesor adjunto. Sé las fechas porque hace poco encontré el cuaderno en un estante, al fondo del armario de mi habitación, entre una pila de agendas antiguas. Me sorprendió, al hojearlo, el cuidado con el que anoté mis ecuaciones y diagramas. (En los otros cuadernos más baratos que me compro, mis garabatos son casi ilegibles). En esos dos años escribí solo en 97 páginas del cuaderno, incluidos sus márgenes. Otra cosa que me sorprendió al releerlo fue la familiaridad de muchos de los esbozos y ecuaciones que había escrito allí. Al revisar esas 97 páginas encontré resultados fundamentales de lo que llegarían a ser siete publicaciones diferentes revisadas por pares, y también las ideas básicas del proyecto con el que obtuve mi primera gran beca de la National Science Foundation como joven profesor. Este fue uno de los muchos cuadernos que empleé en este breve periodo de mi carrera académica, pero no hay duda de que esa opción, inusualmente cara, jugó un papel desproporcionado en mi productividad.

Las pruebas de que las herramientas de calidad pueden incrementar la calidad del propio trabajo no se limitan a mi experiencia en los primeros años de carrera académica. Es bien sabido que la energía de los novelistas se dispara cuando pasan de un procesador de textos genérico a un programa de escritura profesional como Scrivener, de la misma manera que los guionistas son más eficaces cuando adquieren el programa Final Draft para escribir sus películas. Es cierto que estas herramientas más caras incluyen más funciones que sus equivalentes más baratos, pero podría decirse que la sensación que producen de «ahora soy profesional» es igual de valiosa. Vemos un efecto similar en los creadores de podcasts que se compran el micrófono Shure, que ha puesto de moda Joe Rogan y cuesta 300 dólares. En la mayoría de los casos, a su audiencia no le importa la diferencia de calidad entre un micrófono profesional y otra opción USB más barata, pero para el aspirante a creador de podcasts es una señal de que está tomándoselo en serio. También observamos estas dinámicas cuando los programadores informáticos montan estaciones de trabajo digitales con dos o tres monitores; juran que trabajando con múltiples ventanas a la vez aumentan su productividad. Esto es así hasta cierto punto, pero el caso es que las primeras generaciones de programadores parecían bastante productivas antes de la (reciente) introducción de los controladores gráficos compatibles con varias pantallas. Parte del poder de estas opciones se basa en su complejidad, que sitúa al usuario en una mentalidad especializada, listo para hacer el esfuerzo de programar buen software.

Pero la búsqueda de la calidad no ocurre por casualidad. Si quieres que tu mente se sume a tus planes de mejorar tus habilidades, entonces invertir en tus herramientas es una buena manera de empezar.

Paréntesis: ¿qué pasa con el perfeccionismo?

Cuando estaba escribiendo este capítulo recibí un mensaje de Meegan, una profesora preocupada por mi uso de la frase *obsesiónate por la calidad*. Ella había terminado y enviado al fin el manuscrito de un libro que le había «llevado demasiado tiempo terminar», porque había «interiorizado la idea de que todo debía ser perfecto». La obsesión, decía, puede ser paralizante. La calidad importa, pero cuando llega a serlo todo puede que nunca acabes.

Como hemos hecho a lo largo de este libro, podemos encontrar una perspectiva más sutil de esta cuestión en el mundo de los trabajadores tradicionales del conocimiento. Centrémonos en la música popular y, en concreto, en 1967, un año que cambió esta forma de arte de una manera radical pero a la vez compleja. La semilla de estas transformaciones se plantó en 1966, cuando los Beatles iniciaron una gira internacional varios días después de concluir *Revolver*, su séptimo álbum. El plan era empezar en Alemania del Este antes de viajar a Tokio y luego a Manila; descansarían unos días y regresarían a Norteamérica para encadenar varias semanas de actuaciones, y concluirían con un espectacular concierto en el enorme parque Candlestick de San Francisco.

Enseguida empezaron a surgir problemas. En Japón, el promotor de la gira tuvo dificultades para encontrar un local lo bastante grande para albergar a la cantidad de público prevista. Se decidieron por el Nippon Budokan, un inmenso estadio que había sido construido para albergar la competición de judo en los Juegos Olímpicos de Tokio, en 1964. Lo que ocurrió es que en Japón son sagrados tanto el judo como la ubicación del Budokan, en el centro imperial y espiritual de la ciudad, contiguo al palacio del emperador. Citando a Clifford Williamson, un historiador que publicó en 2017 un artículo sobre esa gira de los Beatles, el hecho de que un grupo de pop occidental fuera a actuar en un lugar tan sagrado generó una «gran reacción en contra». El primer ministro japonés expresó su «disconformidad», a la que se sumaron varias figuras relevantes del país. Las amenazas de grupos extremistas como el Greater Japan Patriotic Party fueron tan alarmantes que los Beatles se plantearon no actuar en Japón. Al final, más de 35.000 policías fueron movilizados para garantizar su seguridad.

La siguiente parada de la gira era Manila, la capital de Filipinas; este destino debería haber sido más asequible, pero no fue así. «Desde el momento en que aterrizamos todo fueron malas noticias», recordaría George Harrison más tarde. Durante los preparativos de la visita, Imelda Marcos, esposa del presidente de Filipinas, Ferdinand Marcos, había enviado una invitación a los Beatles para una recepción en el palacio presidencial. Fiel a las normas del grupo de eludir eventos diplomáticos, su mánager, Brian Epstein, declinó la invitación. Según dijo Williamson, aquello fue un error: la petición de Imelda no era una invitación, era «una citación». La prensa filipina se hizo eco del desaire mostrando mesas vacías y niños llorando en la recepción. Imelda declaró que prefería a los Rolling Stones. Pero la cosa no terminó aquí, porque a raíz de este hecho los Beatles empezaron a enfrentarse a un aluvión de mezquinos actos de venganza. Por ejemplo, el hotel en el que se alojaban ignoraba sus llamadas al servicio de habitaciones; el personal de refuerzo que les habían prometido para ayudarles a trasladar los equipos no apareció; las escaleras mecánicas del aeropuerto fueron bloqueadas para obligar a la banda a subir andando con su equipo mientras se apresuraban a abandonar el país.

El regreso del grupo a Norteamérica tampoco les proporcionó el alivio que necesitaban. A principios de 1966, John Lennon había concedido una entrevista al *Evening Standard*. El artículo no fue nada especial, pero entre aburridas banalidades se ocultaba un comentario provocador: «El cristianismo desaparecerá, se desvanecerá y se reducirá [...] Ahora mismo, nosotros somos más populares que Jesús». La frase pasó inadvertida en el Reino Unido, pero, coincidiendo con la llegada del grupo a Estados Unidos para su último concierto de la gira, la revista juvenil *Datebook* reprodujo la entrevista destacando esa cita sobre Jesús. La reacción en el sur de Estados Unidos fue feroz: se boicotearon y se quemaron sus álbumes; el Ku Klux Klan amenazó con cometer actos violentos. Una vez más, la banda se planteó si debían cancelar sus actuaciones, y Lennon tuvo que dar un comunicado de disculpa. En agosto llegaron por fin a San Francisco para su última actuación. Mientras viajaban hacia el Candlestick Park para el concierto, los Beatles, cansados de tanta controversia en los últimos meses —por no hablar de la fatiga general que supuso haber grabado y promocionado siete álbumes en tres años— tomaron la fatal decisión de poner fin a las giras. Para siempre.

Esta decisión acabó revolucionando la música pop al año siguiente, 1967. Transcurridos tres meses desde su última actuación en San Francisco, ya descansados y con fuerzas renovadas, se reunieron en los estudios EMI de Londres para grabar un nuevo tipo de álbum pop. Sin la presión de tener que tocar sus canciones en estadios y salas de conciertos, se sentían libres para experimentar. El crítico musical Jon Pareles lo explicó así en el *New York Times*: «Con la ayuda y la complicidad del productor George Martin, los Beatles insistieron en abstracciones sónicas, abandonando las ilusiones realísticas de la mayoría de los estudios de grabación, distorsionando y manipulando los sonidos de una forma que sería imposible reproducir en un escenario».

El grupo manipulaba la velocidad de las cintas y superponía diferentes estilos musicales en una misma pista. También incorporaron instrumentos indios que George Harrison había aprendido a tocar con el profesor Ravi Shankar, incluidos el *sitar*, la tambora y el *swar-mandal*, y contrataron a músicos clásicos para que tocaran acompañamientos de cuerda y trompa. En total, pasaron en el estudio unas 700 horas repartidas en 129 días. (Para comprender lo inusual que era en aquella época un proceso de grabación tan prolongado hay que tener en cuenta que el primer álbum de los Beatles, *Please Please Me,* lanzado cuatro años antes, en 1963, fue grabado en un solo día y les llevó menos de 700 *minutos* de tiempo en el estudio). El resultado de estas iniciativas creativas y minuciosas fueron doce temas, poco más de media hora de duración en total, que constituyeron uno de los primeros álbumes completos considerados «comerciales» de la historia de la música popular. Lo titularon *Sgt. Pepper's Lonely Hearts Club Band.* En los primeros tres meses se vendieron 2,5 millones de copias, y alcanzó el número 1 de las listas Billboard, donde se mantuvo tres meses (el periodo más largo en el número 1 de un álbum de los Beatles). Pero tal vez lo más relevante es que destruyó casi por sí solo la cultura dominante de los sencillos de canciones pop y las listas de éxitos. Este trabajo convirtió el álbum en la producción artística definitoria de la escena musical popular, y dio paso a una nueva era de música progresiva y experimentación sónica.

Sin embargo, el hecho de que la música pop quedara libre de las restricciones de las actuaciones en directo era un arma de doble filo. Según señala Pareles, pese a que el octavo álbum de los Beatles fue un éxito, «los críticos desprestigiaron *Sgt. Pepper* por ser el álbum que trajo el perfeccionismo a las grabaciones de rock». Siguiendo el ejemplo de los de Liverpool, muchos grupos se metieron en el estudio a juguetear con los mandos de la mesa de sonido y la electrónica, con el fin de encontrar nuevos estilos experimentales. Y en esta larga y lenta búsqueda de la perfección se perdió gran parte de la inmediatez y la energía del rock, porque los músicos se dejaban llevar. El resultado fue una mayor decepción. «Por cada fusión auténtica [...] había una docena de porquerías híbridas», afirma Pareles.

Mi colega Meegan señaló, con acierto, que el mismo peligro del perfeccionismo creativo se cierne sobre este último principio de la *slow productivity*. La obsesión por la calidad es lo que demostraron los Beatles, en 1967, cuando se plantaron en los estudios EMI, sin límite de tiempo, para experimentar con sus sitares y sus grabadoras multipista. Salir 129 días después con *Sgt. Pepper* requiere caminar al filo de la navaja; la obsesión exige que te dejes llevar, en el convencimiento de que puedes hacerlo un poco mejor si dispones de más tiempo. Pero para alcanzar la excelencia tendrás que salir de tu ensueño autocrítico antes de que sea demasiado tarde. La razón de que haga hincapié en este ejemplo de los Beatles es que proporciona tanto una advertencia sobre el perfeccionismo ligado a la obsesión como un ejemplo perfecto de lo que puede vencer a este enemigo.

Sí, es posible que el grupo dedicara mucho más tiempo que nunca a la grabación de *Sgt. Pepper*, pero su tiempo disponible tampoco era ilimitado. En cuanto sus sesiones empezaron a progresar, los estudios EMI sacaron al mercado dos sencillos, creando así la urgencia de completar el proyecto. El grupo también se centró en una visión a más largo plazo. Su álbum de 1965, *Rubber Soul*, había inspirado el innovador *Pet Sounds* de Brian Wilson, que Paul McCartney citaría más tarde como la principal influencia de *Sgt. Pepper*. Cuando tu creación no es más que una de muchas en el camino hacia el progreso creativo, la presión por hacerlo todo bien se reduce, y tu objetivo pasa a ser chutar de nuevo el metafórico balón contra la red con la fuerza suficiente para que el juego continúe. Aquí observamos una estrategia general, igual de buena, para equilibrar la obsesión y el perfeccionismo: concédete el tiempo suficiente para crear algo extraordinario, pero no un tiempo ilimitado. Céntrate en crear algo que sea lo bastante bueno como para atraer la atención de aquellos cuyo gusto te importa, pero libérate de la urgencia de componer una obra maestra. El progreso es lo que importa, no la perfección.

Propuesta: apuesta por ti

Jewel no fue la única cantante revelación de los noventa en asumir riesgos al principio de su carrera. Muchos conocimos antes a Alanis Morissette, de cuyo álbum de 1995, *Jagged Little Pill,* se vendieron más de 33 millones de copias, y con el que ganó 5 premios Grammy, incluido el de álbum del año. Puede que este fuera el primer disco estadounidense de Morissette, pero estaba lejos de ser su introducción en la industria del entretenimiento. Siendo una niña, había debutado como actriz en el programa de culto de *Nickelodeon, You Can't Do That on Television,* y como cantante se presentó con una actuación en *Star Search* (aunque perdió en el primer programa). Su primer álbum, *Alanis,* una gran producción de pop-dance, ganó un disco de platino tras su lanzamiento en Canadá en 1991. Su alegre presencia en el escenario y su larga melena hicieron que la compararan con la sensación del pop de los ochenta Debbie Gibson.

De todas formas, a Morissette no le gustaba que la compararan con Gibson, porque consideraba que ella era capaz de hacer un trabajo más serio. Aunque habría disfrutado de un éxito más prolongado si hubiera continuado con el pop de *Alanis,* decidió en su siguiente álbum, *Now Is the Time,* pasar a un estilo de baladas de menor producción, con unas letras más personales, estilo que creía que la llevaría al siguiente paso en su carrera.** Este segundo álbum vendió la mitad que el primero, lo que hizo que su discográfica la dejara, pero ella siguió insistiendo. Con ayuda de su editora musical, sus dos primeros álbumes llegaron a las manos de Scott Welch, un mánager de Nueva York que, pese a notar algo especial en su voz, estuvo de acuerdo en que el estilo pop no era sostenible. Welch lo organizó todo para que Morissette viajara a Los Ángeles a grabar una canción con Glen Ballard, un veterano guionista conocido por coescribir *Man in the Mirror*, de Michael Jackson, y *Hold On*, de Wilson Phillips. El plan era grabar un solo tema en el estudio que Ballard tenía en su casa, pero no fue así. En el transcurso de 20 inspiradas sesiones grabaron 20 canciones. Ballard recordaba más tarde cómo era trabajar con Morissette:

> Ella solo quería ser *artista*. No quería que el sistema le dijera que «ya no la necesitaban». Solo quería decir lo que sentía […] Solo quería escribir canciones y expresarse.

Esas sesiones incluyeron la elaboración de maquetas de casi todos los temas que compondrían *Jagged Little Pill*. La combinación de la fuerte y potente voz de Morissette con sus letras mordaces resultó perfecta para un momento en el que la música alternativa estaba en auge. El álbum tuvo una presentación modesta por parte de Maverick Records, una discográfica copropiedad de Madonna. Pero cuando la famosa emisora de radio *KROQ* empezó a emitir *You Oughta Know*,

---

* Como se insinúa en *Jagged*, el documental de 2021 sobre Morissette, su determinación para ser independiente y explorar campos más complejos en su música estaba motivada, en parte, por los abusos que conoció siendo más joven en la industria del entretenimiento.

sus centralitas se inundaron de peticiones. Al añadirse, unas semanas más tarde, *Hand in My Pocket*, todas las emisoras del país siguieron sus pasos. Y el álbum despegó, generando lo que más tarde Ballard describiría como una «tormenta de fuego».

La decisión de Morissette de distanciarse del alegre pop comparte muchas similitudes con la de Jewel de rechazar un contrato millonario: ambas artistas estaban dispuestas a asumir riesgos para alcanzar un objetivo mayor. Los detalles de estas decisiones, no obstante, presentan sutiles aunque relevantes diferencias. Jewel rechazó el anticipo porque sabía que necesitaba más tiempo para desarrollarse y convertirse en cantante profesional. Esto ejemplifica mi anterior afirmación de que la calidad exige bajar el ritmo. Por el contrario, Morissette ya era una profesional de éxito cuando abandonó el pop. Su cambio fue una apuesta arriesgada en pro de su capacidad para ser aún mejor. Temía perder su contrato, pero este mismo temor le proporcionó la determinación necesaria para intentar mejorar sus habilidades, hasta el punto de ser capaz de crear algo milagroso en aquellas épicas sesiones en el estudio de Glen Ballard.

Esta propuesta sostiene que apostar por uno mismo de esta manera —con pérdidas nada triviales en caso de fracaso, pero recompensas muy atractivas en caso de éxito— es una buena estrategia para elevar de forma significativa la calidad del propio trabajo. No hay nada en esta idea que no se pueda extrapolar a otros sectores. Uno de los ejemplos más famosos en la historia reciente procede, de hecho, del mundo de la empresa: Bill Gates abandonando Harvard en 1975 para fundar Microsoft. Ahora tenemos la costumbre de ver a mucha gente dejando la universidad muy pronto para montar compañías de software, pero en la época de Gates no era tan habitual. Cuando dejó Harvard, el sector del software aún ni existía (de hecho, lo creó él), y los ordenadores personales, que él consideraba el futuro, solo estaban disponibles en forma de kit que interactuaba con el usuario mediante interruptores y luces intermitentes. Gates se jugaba mucho si su apuesta fracasaba, pero justo eso le llevó a conseguir algo espectacular.

Desde luego, apostar por ti no tiene por qué ser algo tan impresionante como rechazar un contrato millonario o abandonar una universidad de la Ivy League. El mero hecho de ponerte en una situación en la que sientas presión para prosperar, aunque dicha presión sea moderada, ya te dará un empujón en la búsqueda de la calidad. En el consejo que propongo a continuación hallarás múltiples técnicas para integrar una presión razonable en tu vida profesional. El objetivo de apostar por ti, como verás, implica impulsarte a un nuevo nivel sin saturarte.

ESCRIBE CUANDO LOS NIÑOS SE HAYAN IDO A DORMIR

A Stephenie Meyer se le ocurrió la trama de *Crepúsculo* a raíz de un sueño que tuvo en el verano de 2003. La experiencia fue tan vívida que se comprometió a hacer lo que fuese por convertir aquella semilla en un libro. En ese momento, sin embargo, era un ama de casa al cuidado de sus tres niños pequeños, lo que significaba que tendría que ser creativa con su horario para escribir. Lo explicaba así:

> A partir de ese momento, no pasó ni un día sin que escribiera *algo*. Los días malos escribía solo una o dos páginas; los días

buenos podía terminar un capítulo e incluso algo más. Casi siempre escribía por la noche, cuando los niños ya se habían ido a dormir y podía concentrarme algo más de cinco minutos sin ser interrumpida.

Meyer no es la única autora famosa que escribía de noche. Clive Cussler empezó a escribir novelas de aventuras en 1965. En ese momento tenía treinta y tantos años y trabajaba en una pequeña agencia de publicidad que había cofundado en Newport Beach, California. Su esposa aceptó un trabajo que la obligaba a hacer turnos de noche, por lo que Cussler no tenía nada que hacer una vez acostados los niños. Inspirado por el reciente éxito de las novelas de James Bond, de Ian Fleming, decidió probar con las de aventuras para llenar el tiempo que pasaba a solas. El éxito de sus novelas, de las que se vendieron decenas de millones, demuestra que la apuesta de Cussler —fallecido en 2020— había sido la correcta.

De todos modos, la necesidad de trabajar en un proyecto apasionante a deshoras no es exclusiva de madres y padres. Durante su último año en la Facultad de Medicina de Harvard, Michael Crichton sabía que no quería dedicarse a eso cuando acabara la carrera. Según un artículo sobre el autor publicado en 1970 por el *New York Times*, Crichton fue a visitar al decano para preguntarle si podía dedicar su último semestre en Harvard a recopilar información para un libro de no ficción sobre medicina que planeaba escribir. «¿Por qué voy a pasarme los últimos seis meses de mi carrera aprendiendo a leer electrocardiogramas cuando no voy a ejercer nunca de médico?», le preguntó. El decano advirtió a Crichton que escribir un libro no es fácil. En ese momento nuestro protagonista le confesó que en los años que llevaba en Harvard había escrito ya cinco libros con seudónimos, y que tenía por lo menos dos más en camino. Se llevaba siempre su máquina de escribir para los ratos libres, incluso en vacaciones o mientras asistía a las clases que no le interesaban. «Cualquiera que consultara mi expediente académico [...] podría comprobar cuándo estaba trabajando en un libro», admitió.

John Grisham, que se pasó la década de los noventa luchando con Crichton por los primeros puestos en la lista de *bestsellers*, también empezó a escribir sacrificando su tiempo libre. Empezó su primera novela, *A Time to Kill*, siendo abogado en una pequeña ciudad, en el Parlamento del estado de Misisipi. Trabajaba en el manuscrito a primera hora de la mañana, y en los huecos que le quedaban entre reuniones y juicios. Le llevó tres años terminar ese libro. Pero antes de que se publicara ya había empezado el segundo. Su plan era escribir dos libros y dejar pasar un tiempo para ver si alguno tenía éxito. Y su estrategia resultó acertada: *A Time to Kill* fue un fracaso desde el principio, pero, por suerte para Grisham, de su segundo libro, *The Firm*, se vendieron 7 millones de ejemplares.

Lo ocurrido con estos autores demuestra cuál es una de las estrategias más asequibles para apostar por uno mismo: dedicar durante un tiempo las horas libres al proyecto en cuestión. En este caso se trata de una apuesta pequeña: si no llegas al nivel de calidad que buscas, la principal consecuencia es que en un periodo limitado habrás perdido un tiempo que podrías haber dedicado a otras actividades más gratificantes (o relajantes). Pero el coste es lo bastante molesto como para que incrementes la atención a tus iniciativas. Seguro que para una joven Stephenie Meyer, por ejemplo, no era nada agradable aprovechar los huecos entre las actividades de los niños o por las noches para escribir. El sacrificio que representaba para ella este objetivo la motivaba a no perder el tiempo comprometiéndose a medias. Con la firme determinación de llevar su proyecto hasta el final, Meyer escribía cada día, aunque solo fueran unas pocas páginas. (Por el contrario, he visto a muchos académicos o periodistas a quienes, gozando del lujo de un año sabático para no hacer otra cosa que escribir, les cuesta progresar entre tanta libertad recién descubierta).

Esta estrategia del tiempo libre no es, por supuesto, una forma sostenible de trabajar a largo plazo. Sacrificar demasiadas horas de ocio para hacer trabajo extra es una violación de los *dos* primeros principios de la *slow productivity*. Pero si se aplica con moderación, dedicándose a un proyecto específico durante un tiempo, el hecho de renunciar a algo significativo a cambio de una calidad mayor es una buena manera de apostar por uno mismo. Meyer, por ejemplo, trabajó muy enfocada seis meses, pero al final de ese agotador periodo había concluido un manuscrito extraordinario. Little, Brown and Company le ofreció un contrato de 750.000 dólares por el libro.

BÁJATE EL SUELDO

Acabamos de ver que dedicar tu tiempo libre a un proyecto es una de las formas más sencillas de apostar por ti. Otra opción más drástica es depender de ese proyecto para obtener ingresos. Pocos factores generan una mayor atención que la necesidad de pagar las facturas, pero aquí entramos en terreno pantanoso. En la sociedad estadounidense, la idea de abandonar un empleo agobiante para perseguir tu sueño tiene una especie de atractivo romántico. Veamos los ejemplos de los escritores de la estrategia anterior: Clive Cussler acabó dejando la agencia de publicidad que había cofundado, y John Grisham abandonó una prometedora carrera política y el ejercicio de la abogacía. La fascinación que produce la posibilidad de dar un vuelco a tu situación profesional es inmensa, porque te da la sensación de que puedes acabar de un plumazo con todo lo que te desagrada de tu rutina.

El problema evidente es que por cada Grisham que triunfa hay decenas de aspirantes a escritores, empresarios o artistas que acaban teniendo que volver con el rabo entre las piernas y muchas deudas a sus antiguos empleos. En otras palabras, resulta difícil predecir si la idea para tu novela será más como *A Time to Kill* o como *The Firm*. Pero tenemos la suerte de contar con estos ejemplos literarios, de los que podemos aprender a superar tales retos. Si nos fijamos en las transiciones profesionales de estos autores de obras maestras veremos que la historia tiene matices. Por ejemplo, según revelan los obituarios publicados tras su muerte en 2020, la transición de Cussler desde la publicidad a las novelas de aventuras le llevó más tiempo de lo que da a entender la trillada anécdota de que creó al personaje de Dirk Pitt por la noche, mientras su mujer trabajaba.

Ya he dicho que cuando Cussler empezó a escribir sus novelas, era copropietario de una agencia de publicidad en Newport Beach. Mientras vivía en California había escrito dos manuscritos, *Pacific Vortex!* y *The Mediterranean Caper*, ninguno de los cuales despertó el interés de los editores. Entonces se trasladó a Denver para trabajar en una agencia más grande. En ese momento se le ocurrió una idea para atraer la atención sobre sus novelas: diseñó un membrete falso de una agencia de representación que no existía y envió una nota a una real, Peter Lampack, preguntándoles si les interesaría llevar a un escritor novel y prometedor llamado Clive al que él no tenía tiempo de representar. El plan funcionó, y en 1973 se publicó *The Mediterranean Caper*. De todas formas, Cussler siguió trabajando en publicidad hasta la publicación de su segundo libro, *Iceberg*, en 1975. El mismo cuidado lo podemos observar en los otros ejemplos: cuando Crichton abandonó la medicina, ya había publicado varios libros, algunos de ellos *bestsellers*; y Grisham no dejó de ejercer la abogacía hasta que Paramount, de forma inesperada, le ofreció 600.000 dólares por los derechos cinematográficos de *The Firm*.

Estos detalles dan forma a una estrategia equilibrada. La idea es que no dejes tu trabajo de golpe y porrazo para embarcarte en un gran proyecto; no hagas ningún cambio significativo en tu vida hasta tener pruebas de que tu interés cumple los dos criterios siguientes: en primer lugar, la gente está dispuesta a darte dinero por ello, y, en segundo lugar, puedes reproducir el mismo resultado. En el ámbito de la literatura, esto implica que has vendido varios libros y comprobado que existe un público sólido para tus personajes. En el de la empresa supone que tu negocio paralelo genera un flujo constante de ventas. Una vez superados estos umbrales, ya puedes dar el salto. Esto no quiere decir que tengas que abandonar tu empleo actual, sino que a lo mejor te interesa reducir tu jornada o pedir un permiso sin sueldo. Lo importante es que aproveches la motivación que genera la necesidad de que un objetivo funcione de verdad. Clive Cussler terminó cuatro manuscritos antes de dejar su trabajo en la agencia de publicidad, pero fue su quinto libro, publicado en 1976, *¡Rescaten al Titanic!*, el que se convirtió en su primer gran éxito de ventas.

ANUNCIA TU CALENDARIO

Invertir tiempo o dinero en un proyecto son dos apuestas obvias que te orientan hacia un trabajo de mayor calidad. Una tercera opción es aprovechar tu capital social. Si anuncias tu iniciativa con antelación a tu entorno, estarás generando expectativas; por tanto, si fracasas y no llegas a producir nada notable, pagarás el coste social en términos de vergüenza. Y esta es, también, una potente fuente de motivación.

La pequeña ciudad en la que vivo, a las afueras de Washington DC, es conocida por su cultura artística. Por ello es frecuente ver folletos o recibir correos electrónicos sobre espectáculos de todo tipo. Por ejemplo, cuando estaba redactando este capítulo, dos artesanos de mi calle —un diseñador de joyas y un pintor de técnicas mixtas— acababan de anunciar un mercado de arte que se celebraría en un antiguo edificio comercial tres fines de semana consecutivos. Ambos e asociaron con una pequeña imprenta para crear unos llamativos anuncios y los colgaron por el barrio. Estos artistas se habían comprometido a hacer el mejor trabajo posible, ya que pronto tendrían que impresionar a una gran audiencia.

Esta estrategia de anunciar tus intenciones sirve para inspirar trabajos de calidad a diferentes escalas. Puede tratarse de algo tan pequeño como el caso de un aspirante a guionista que se cita con un amigo cinéfilo para leerle el primer borrador de un guion; o puede ser algo más relevante, como la publicación de la fecha de lanzamiento de un nuevo producto por parte de una empresa. Hay pocas cosas que valoremos más que la estima de nuestros semejantes. Así, anunciar unos plazos de ejecución se sirve de esta singularidad de la evolución de nuestra especie para centrarnos en producir el mejor trabajo posible.

CAPTA INVERSORES

En 1977, John Carpenter tenía 29 años y estaba en Inglaterra para proyectar la película de acción de bajo presupuesto que acababa de realizar, *Asalto a la comisaría del distrito 13,* en el London Film Festival. La película era demasiado pequeña para estrenarla en salas, y no había recaudado lo suficiente en los pocos lugares donde se había proyectado, pero su director derrochaba talento. «Es una de las películas de suspense más potentes y emocionantes de un director novel en mucho tiempo —declaró Ken Wlaschin, director del London Film Festival—. Atrae la atención del público y no la suelta». Fue en Londres donde Carpenter conoció a Moustapha Akkad, un financiero que quería invertir en cine norteamericano. A Akkad le sobraban 300.000 dólares de otro proyecto, *Lion of the Desert,* y el joven director, junto con su socio productor, Irwin Yablans, le insistió para que los invirtiera en una idea que habían estado barajando para una película de terror sobre niñeras amenazadas por un acosador. «Lo que hicimos fue obligar a Moustapha a que lo hiciera. Le dije: "300.000 dólares es una inversión demasiado grande", sabiendo que no podría echarse atrás por puro orgullo», recordó Yablans más adelante.

A Akkad le intrigó la presentación en la que Carpenter le explicó su visión de la película escena por escena. Cerraron el trato cuando el director accedió a no cobrar honorarios, solo un porcentaje de la taquilla, variable en función del éxito de la película, lo cual resultó una muy buena apuesta. El film se rodó en 21 días, en la primavera de 1978, y se cambió su título original, *The Babysitter Murders,* por el más evocador *Halloween.* Recaudó más de 45 millones de dólares, lo que la llevó a ser considerada una de las películas independientes más exitosas de todos los tiempos. También ayudó a sentar las bases del cine de terror y a catapultar la carrera de Carpenter.

Asalto a la comisaría del distrito 13 es una película estupenda, pero *Halloween* es excepcional. La diferencia entre ambas es la magnitud de la inversión que apoyaba a Carpenter. Una explicación fácil de esta observación sería decir que cuanto más dinero tienes mejor es la calidad de la producción, y en parte es cierto. Carpenter, junto con su director de fotografía, el entonces desconocido Dean Cundey, se gastó casi la mitad de ese presupuesto de 300.000 dólares invertido por Akkad en las ligeras cámaras Panavision, una novedosa tecnología de la época que les permitía filmar en planos largos y deslizantes con Steadicam, conservando el formato cinematográfico. (Cundey aprovechó en especial el formato de pantalla panorámica, que le permitía integrar varios elementos en la misma escena para lograr algunos sustos míticos). Pero las modernas cámaras, por sí solas, no explican el éxito de la película. En realidad, fueron la presión y el afán por satisfacer a Akkad —quien, recordemos, había invertido una gran suma en el proyecto— lo que contribuyó al triunfo de Carpenter. Su objetivo con *Asalto a la comisaría del distrito 13* era exhibir sus cualidades, mientras lo que pretendía con *Halloween* era rodar un clásico. Y esta es una diferencia sustancial.

Esto mismo es aplicable a otros ámbitos. Cuando alguien invierte en tu proyecto, sientes más motivación para devolverle la confianza que ha depositado en ti. Se trate de una inversión de capital —como en el caso de Carpenter y Akkad— o de otro tipo —como cuando un amigo te ayuda a construir los decorados para una obra de teatro, o se pasa una tarde llenando sobres para la campaña de marketing de tu nuevo negocio—. Atraer a otros para que inviertan en ti y en tu idea es una apuesta enorme por ti y por tu capacidad para no defraudarles. Y en el empeño por evitar esa decepción se puede hallar la grandeza.

CONCLUSIÓN

Empecé el libro con la historia de un joven John McPhee sentado bajo un fresno ante la mesa de pícnic de su jardín, intentando dar forma a un complicado artículo que le estaba costando escribir. A medida que avanzaba su carrera, McPhee fue desarrollando, por ensayo y error, un proceso más complejo y replicable para crear su estilo distintivo de periodismo de largo formato. Según cuenta en su libro *Draft No. 4*, empezó copiando todas las notas de sus cuadernos y transcribiendo todas las entrevistas grabadas a unas páginas en blanco en su máquina de escribir Underwood 5. «Mecanografiar las notas me llevó varias semanas, pero había conseguido reunir todo en un lugar legible y pasar por mi mente toda esa materia prima», explica.

Una vez dado este paso, McPhee se encontró con una pila de páginas mecanografiadas con esmero, algunas de ellas con múltiples fragmentos de pensamientos u observaciones sin relación entre sí,

separados por unas pocas líneas en blanco. Para dar sentido a semejante colección, codificó cada sección mediante una breve descripción al margen, indicando el *componente relevante de la historia* que
cubría. Un típico artículo de largo formato puede incluir notas sobre
unos 30 componentes diferentes; su famoso artículo en dos partes,
Encuentros con el archidruida, sobre el ambientalista David Brower,
requirió 36.

McPhee fotocopió esas páginas y luego recortó con unas tijeras
cada fragmento de notas para componer su propio documento.
(Cuando se compró su primer ordenador personal en los ochenta y
empezó a utilizar un sistema electrónico para organizar sus notas,
declaró que el ordenador era como «unas tijeras de cinco mil dólares»). Luego colocaba cada trozo de papel en la carpeta correspondiente, según el componente de la historia al que se refiriera. El
resultado fue un montón de carpetas, cada cual dedicada a un único
tema, llenas de trozos de papel que contenían hechos, citas u observaciones relevantes.

A continuación, etiquetó cada componente de la historia con
una ficha de tres por cinco y las colocó en una lámina de contra-
chapado, apuntalada entre dos caballetes —«un elemento esencial
de mi mobiliario de oficina en esa época»—, de manera que pudiera moverlas hasta encontrar la estructura más adecuada para su
historia. A veces daba con la arquitectura conceptual correcta en
pocas horas; en otras ocasiones tenía que dejar la tabla varios días y
volver a ella de vez en cuando. No había prisa en esta fase del proceso, pero no podía ponerse a escribir hasta encontrar un orden
lógico para las fichas.

Cuando por fin estuvo satisfecho con su estructura pudo dedicarse a ponerlo todo negro sobre blanco. Al escribir trataba los

componentes de la historia uno por uno, en el mismo orden en que estaban dispuestos en la madera. A la hora de escribir sobre un componente específico, sacaba todos los fragmentos de notas relevantes de la carpeta correspondiente y los colocaba en forma de escalera en una mesa de cartas que había junto a su Underwood 5. «Este proceso eliminaba cualquier distracción y me permitía concentrarme solo en el material que debía tratar en un día o una semana concreta —explica McPhee—. Me veía acorralado, sí, pero eso me liberaba para escribir».

Existe un motivo por el que he empezado y termino mi estudio sobre la *slow productivity* con dos historias diferentes sobre John McPhee. Cuando conocemos lo que le ocurrió bajo el fresno, en las primeras páginas de este libro, la idea de una concepción más lenta de la productividad era más una vaga intuición que algo concreto y factible. Su lánguida concentración bajo ese árbol interesaba a los agobiados trabajadores del conocimiento, pero todavía no estaba claro cómo traducir aquello en acciones prácticas. Empezábamos hablando de un sentimiento, pero necesitábamos un plan.

Ahora que hemos llegado a esta segunda historia más pormenorizada sobre John McPhee, cinco capítulos más tarde, empezamos a tener más claros los contornos del plan. En las páginas anteriores he explicado con detalle cómo el sector del conocimiento se ha ido alejando de los conceptos racionales de organización del trabajo, y luego te he guiado por los tres principios para cultivar de forma sistemática una opción mejor: una filosofía que denomino *slow productivity*. No se trata de una reacción espontánea a la sobrecarga de trabajo que sufrimos en la actualidad, sino un plan bien trazado para un reemplazo factible. Es este sentido práctico lo que esperaba reflejar en la segunda historia; en el proceso cuidadoso y deliberado de mecanografiar sus notas y recortarlas en trozos para luego organizar unas fichas sobre un tablero y colocar el material en forma de escalera sobre una mesa de juego vemos cómo la promesa presentada bajo el fresno de su jardín se transforma en algo más sistemático. En otras palabras, bajar el ritmo no es quejarse del trabajo, sino buscar una mejor manera de llevarlo a cabo.

Tengo dos objetivos para este libro. El primero es bastante concreto: ayudar al mayor número posible de personas a liberarse del control deshumanizante de la seudoproductividad. Como he dicho en la introducción, no todo el mundo tiene acceso a esta posibilidad. La filosofía que he desarrollado va dirigida sobre todo a quienes asumen un trabajo cualificado con un alto grado de autonomía. En este grupo se encuentran muchos trabajadores del sector del conocimiento, incluyendo a la mayoría de autónomos, emprendedores y propietarios de pequeñas empresas, así como quienes se dedican al mundo académico, donde se cuenta con una gran libertad para seleccionar y organizar los proyectos.

Si perteneces a una de estas categorías y te cansan tu sobrecarga crónica de trabajo y el ritmo acelerado de la seudoproductividad, entonces te pido que consideres la posibilidad de transformar por completo tu vida profesional siguiendo los tres principios que he presentado en este libro: hacer menos cosas, trabajar a un ritmo natural y obsesionarte por la calidad. Dependerá de los detalles de tu profesión y tu puesto, pero lo más probable es que para ello no te haga falta pasarte semanas contemplando las ramas de un fresno o mecanografiando notas, pero es casi seguro que te conducirá a una relación más sostenible con tu trabajo.*

El segundo objetivo de este libro es más general. La *slow productivity* no es más que una de las múltiples soluciones a un problema mucho mayor: el mundo del trabajo cognitivo no dispone de ideas coherentes sobre la forma de organizar y medir nuestro trabajo. Depender de la actividad visible como medida aproximada del trabajo útil fue, en el mejor de los casos, una solución temporal que se fraguó a mediados del siglo XX, cuando los equipos directivos se esforzaban por reorientarse ante la repentina aparición de un nuevo sector económico. Ya hemos visto en la primera parte del libro que este «parche» de la gestión hace tiempo que se desprendió. La seudoproductividad entró en una espiral de insostenibilidad en cuanto la revolución TIC puso a disposición del personal de oficinas un sinfín de trabajo y eliminó cualquier restricción natural al ritmo de estos esfuerzos. Las alteraciones adicionales que ocasionó la pandemia dieron el empujón final para que esta rotación hiciera añicos el sistema. Existe un motivo para que ahora haya tantas voces críticas que promueven un nihilismo

---

* A mis lectores que se dediquen al noble oficio de la literatura les recomiendo el siguiente ensayo sobre McPhee, que sostiene que la cambiante economía de la edición ha complicado replicar su lenta forma de trabajar en los artículos de largo formato: Malcom Harris, «Who Can Afford to Write Like John McPhee?», *New Republic*, 13 de septiembre de 2017, newrepublic.com/article/144795/can-afford-write-like-john-mcphee. La realidad es algo más compleja. Si bien es cierto que las revistas no van a pagarte un buen sueldo por escribir un artículo de 40.000 palabras cada dos años, hay que señalar que McPhee deja claro en su libro *Draft No. 4* que ser «redactor» del *New Yorker* en la década de los sesenta era algo insignificante (solo implicaba que eras un autónomo con quien les gustaba trabajar) y que jamás ganó grandes sumas con sus artículos. Para llegar a fin de mes necesitaba que sus libros tuvieran éxito, y también su sueldo de profesor de escritura en Princeton. En cualquier caso, lo que destaca de la historia de McPhee no son los detalles sobre su modo de escribir artículos, sino la idea de que la productividad a gran escala no requiere de una actividad frenética a pequeña escala.

exhausto en el que la saturación y la desgracia son un destino ineludible: el modo de trabajar actual ya no funciona.

Lo que hace falta es una reflexión más profunda sobre lo que entendemos por «productividad» en el sector del conocimiento, y buscar ideas que partan de la premisa de que estos esfuerzos tienen que ser sostenibles y atractivos para quienes los llevan a cabo. La *slow productivity* es un ejemplo de esta manera de pensar, pero no tiene por qué ser la única. Mi deseo a largo plazo es que este movimiento dé paso a muchos otros, llegando a crear un mercado de diferentes conceptos de productividad, cada uno de los cuales podría aplicarse a diferentes tipos de trabajadores o sensibilidades. La *slow productivity*, por ejemplo, está diseñada para ser práctica, ya que aporta ideas que las personas pueden implementar enseguida. Pero sería bueno equilibrar este planteamiento con otros más ambiciosos que busquen reformar la gestión de las organizaciones, o incluso la legislación que regula el funcionamiento de nuestra economía de mercado. Una revolución necesita rebeliones en muchos ámbitos diferentes, desde lo práctico e inmediato hasta lo profundo e ideológico.

Nunca se dará la suficiente importancia a estos esfuerzos generales, sean cuales sean los detalles de nuestro progreso. Hay un motivo por el cual Peter Drucker, en el título de su famoso artículo de 1999, etiquetaba la productividad del trabajador del conocimiento como «el mayor reto». Y es que hacerlo bien podría mejorar de forma sustancial la vida de millones de personas.

Hacia el final de una amplia entrevista concedida en 2010 a *The Paris Review*, John McPhee se maravillaba ante la idea de que alguien pudiera pensar que él era un trabajador fuera de lo normal:

Y cuando alguien me dice: «Eres un escritor prolífico», me parece tan raro... Es como la diferencia entre el tiempo geológico y el humano. En cierta medida, parece que hago muchas cosas, pero así es mi día, todo el día, ahí sentado preguntándome cuándo voy a empezar. Y la rutina de hacerlo seis días por semana va añadiendo una gota al cubo cada día, y esa es la clave. Porque, si añades al cubo una gota cada día, al cabo de 365 días el cubo va a estar lleno de agua.

La *slow productivity* es, más que nada, una invitación a acabar con la actividad frenética de la rutina cotidiana. No es que estos esfuerzos sean arbitrarios; es cierto que nuestras jornadas están repletas de tareas y citas que tenemos que cumplir, pero en cuanto te das cuenta (igual que McPhee) de que este embrollo agotador no tiene nada que ver con las actividades fundamentales, entonces tu perspectiva cambia. Dar un enfoque más relajado al trabajo no solo es posible, sino que es superior a la seudoproductividad que dirige la vida profesional de tanta gente hoy en día. McPhee nos recuerda que, si añadimos cada día una simple gota de trabajo significativo, transcurridos 365 acabaremos con un cubo lleno. Y esto es, a fin de cuentas, lo que importa: dónde acabas, no la velocidad a la que llegas o el número de personas a las que has impresionado por el camino con tu actividad frenética.

Hemos probado el funcionamiento del enfoque rápido en los últimos 70 años, pero hemos visto que no funciona. Por lo tanto, es hora de probar uno más lento.

AGRADECIMIENTOS

No puedo precisar el momento exacto en el que la expresión *slow productivity* entró en mi vocabulario. La filosofía parece haber surgido de una manera espontánea en el primer año de la pandemia del coronavirus, un periodo en el que empecé un diálogo intenso y muy fructífero con mis lectores sobre el trabajo, la productividad y el sentido de la vida profesional. Quiero dar las gracias a estas personas, en primer lugar, por el papel fundamental que han jugado para impulsarme a mí y mi forma de pensar.

Una vez formadas estas ideas, fue mi agente literaria, Laurie Abkemeier, quien me ayudó a organizarlas en un proyecto de libro coherente. Durante este proceso Laurie y yo traspasamos la frontera de los veinte años trabajando juntos, con una relación profesional y de amistad que se remonta a una versión veinteañera de mí mismo que estudiaba el último curso en Dartmouth y buscaba representante para un libro sobre cómo tener éxito en la universidad. Nunca podre subrayar lo suficiente el impacto que Laurie y sus enseñanzas han tenido en todos los aspectos de mi carrera como escritor. Por ello le estoy inmensamente agradecido.

Tengo que dar las gracias también al equipo de Portfolio Books, bajo el liderazgo de Adrian Zackheim, por continuar creyendo en mí y en mis ideas. Este es el tercer libro que publico con Portfolio y también el tercero adquirido y editado por Niki Papadopoulos, con quien ha sido un sueño trabajar los últimos seis años. Asimismo, me emocionó que Lydia Yadi, que se había encargado de las ediciones para el Reino Unido de mis libros recientes, se uniera al equipo editorial de *Slow Productivity*. Le agradezco sus comentarios y sugerencias, con los que ha contribuido a dar forma a este manuscrito.

También quiero dedicar un especial agradecimiento a todos los talentosos miembros del equipo de marketing y publicidad de Porfolio, que han trabajado conmigo (con tanto éxito) en mis proyectos anteriores, y con quienes espero colaborar en este. Entre ellos están Margot Stamas, que ha intervenido en todos mis títulos de Porfolio, y Mary Kate Rogers, que también ha estado a mi lado en muchos proyectos. Ellas han hecho que el proceso de transmitir este mensaje sobre mi trabajo fuera fácil y emocionante.

Quiero dar las gracias, además, a Josh Rothman y Mike Agger, mis editores en *The New Yorker*, donde se originaron muchas de las ideas de este libro. Su apoyo incondicional a mis artículos e ideas han sido un motor fundamental para mi crecimiento como autor e intelectual. Todavía estoy asombrado y honrado por la confianza que han depositado en mí y por la mentoría que hemos compartido.

Y, por último, quiero mostrar mi agradecimiento a mi infatigable esposa, Julie, por soportar todos los sacrificios que supone tener una pareja con adicción a la escritura. Me ha conocido muy bien en cada uno de los ocho libros que he publicado hasta la fecha, así que es muy consciente de las exigencias de este proceso. Le agradezco y le agradeceré siempre su comprensión y paciencia.

NOTAS

INTRODUCCIÓN

1 «**Estuve dos semanas**»: John McPhee, *Draft No. 4: On the Writing Process* (New York: Farrar, Straus y Giroux, 2018), 17.

1 **McPhee ya había publicado:** En mi recuento de cinco artículos me salto las piezas cortas de *Talk of the Town*, así como una primera historia corta que publicó en la revista. El archivo de McPhee en el *New Yorker* se puede consultar en newyorker.com/contributors/john- mcphee. La fecha exacta de McPhee en *Time* es de Jeffrey Somers, «Jon McPhee: His Life and Work», ThoughtCo., 20 de julio de 2019, thoughtco.com/john-mcphee-biography-4153952

1 **McPhee ya había publicado otras reseñas:** John McPhee, «A Sense of Where You Are» *New Yorker*, 23 de enero de 1965, newyorker.com/magazine/1965/01/23/a-sense-of-where-you-are

1 **También se había ocupado de artículos históricos:** John McPhee, «A Reporter at Large: Oranges– I», *New Yorker*, 7 de mayo de 1966, newyorker.com/magazine/1966/05/07/oranges-2; y John McPhee, «A Reporter at Large: Oranges– II» *New Yorker*, 14 de mayo de 1966, newyorker.com/magazine/1966/05/14/oranges-3

2 **McPhee se había pasado los ocho meses:** McPhee, *Draft No. 4*, 17.

2 «**... falta de autoconfianza**»: McPhee, *Draft No. 4*, 19.

2 **McPhee había conocido a Brown:** McPhee, *Draft No. 4*, 19.

5 «**Estamos saturados**»: Celeste Headlee, Do Nothing: How to Break Away from Overdoing, Overworking, and Underliving (New York: Harmony Books, 2020), ix.

CAPÍTULO 1: AUGE Y CAÍDA DE LA SEUDOPRODUCTIVIDAD

13 «**Por si alguien no se ha enterado**»: Bill Carter, *Desperate Networks* (New York: Broadway Books, 2006), 42.

15 **«la investigación sobre la productividad»**: Peter F. Drucker, «Knowledge-Worker Productivity: The Biggest Challenge», *California Management Review* 41, n.º 2 (invierno de 1999): 83.

16 **«En la mayoría de los casos, la gente»**: Citas de Tom Davenport en una entrevista telefónica de diciembre de 2019. El artículo original del *New Yorker* para el que se hizo esta entrevista figura en Cal Newport, «The Rise and Fall of Getting Things Done», *New Yorker*, 17 de noviembre de 2020, newyorker.com/tech/annals-of-technology/the-rise-and-fall-of-getting-things-done

17 **Esto, a su vez, hizo que muchos**: *Encyclopaedia Britannica Online*, «Norfolk Four-Course System», consulta el 18 de agosto de 2023, britannica.com/topic/Norfolk-four-course-system

17 **Las cadenas de montaje son horribles**: «Moving Assembly Line Debuts at Ford Factory» History, 6 de octubre de 2020, history.com/this-day-in-history/moving-assembly-line-at-ford

18 **Al final de esa década**: G. N. Georgano, *Cars: Early and Vintage, 1886-1930* (London: Grange-Universal, 1985).

18 **la carga óptima de una pala**: Para más información sobre Taylor y las palas, ver «Frederick Winslow Taylor, the Patron Saint of the Shovel», Mental Floss, 27 de abril de 2015, mentalfloss.com/article/63341/frederick-winslow-taylor-patron-saint-shovel

19 **«El trabajador del conocimiento no puede»**: Peter F. Drucker, *The Effective Executive: The Definitive Guide to Getting Things Done* (New York: HarperCollins, 2006), 4.

23 **Un análisis llevado a cabo por**: Jory MacKay, «Communication Overload: Our Research Shows Most Workers Can't Go 6 Minutes without Checking Email or IM», *RescueTime* (blog), 11 de julio de 2018, blog.rescuetime.com/communication-multitasking-switches

23 **un estudio reciente**: Estudio actual (el apartado «Methodology» corrobora la afirmación de que los participantes son sobre todo trabajadores del conocimiento): McKinsey & Company y Lean In, *Women in the Workplace: 2021*, 2022, wiw-report.s3.amazonaws.com/Women_in_the_Workplace_2021.pdf. Para un buen resumen de los resultados, ver Eliana Dockterman, «42 % of Women Say They Have Consistently Felt Burned Out at Work in 2021», *Time*, 27 de septiembre de 2021, time.com/ 6101751/ burnout-women-in-the-workplace-2021

24 **«Se ha de mejorar el equilibrio»**: Jennifer Liu, «U.S. Workers Are among the Most Stressed in the World, New Gallup Report Finds», Make It, CNBC, June 15, 2021, cnbc.com/2021/06/15/gallup-us-workers-are-among-the-most-stressed-in-the-world.html

26 **«le preguntaba a Dios»**: Carter, *Desperate Networks*, 119.

27 **«Esto sí que es un espectáculo»**: Carter, *Desperate Networks*, 120.

27 **«Zuiker hizo magia»**: Carter, *Desperate Networks*, 121.

28 **«Chicos, tenéis que trabajar más»**: Carter, *Desperate Networks*, 125.

28 **La combinación de CSI con Survivor**: Un artículo representativo de este periodo sobre el papel clave de *CSI* para devolver a *CBS* al primer puesto es: «2000-01 Ratings History», The TV Ratings Guide, 15 de agosto de 1991, thetvratingsguide.com/1991/08/2000-01-ratings-history.html

CAPÍTULO 2: UNA ALTERNATIVA MÁS RELAJADA

31 **«Lo que más nos molesta»:** Los detalles de las reacciones de los italianos a esta propuesta de McDonald's proceden de esta historia reciente de UPI: John Phillips, «McDonald's Brings Americanization Fears to Rome», UPI, 10 de mayo de 1986, upi.com/Archives/1986/05/10/McDonalds-brings-Americanization-fears-to-Rome/6908516081600

31 **Un manifiesto definía sus objetivos:** «Slow Food Manifesto», 1989, Slow Food, slowfood.com/filemanager/Convivium%20Leader%20Area/Manifesto_ENG. pdf. Las versiones del manifiesto en otros idiomas están disponibles en «Key Documents», Slow Food, slowfood.com/about-us/key-documents

32 **la región de Campania, en el sur de Italia:** Se habla del albaricoque del Vesubio en el artículo de Michael Pollan «Cruising on the Ark of Taste», *Mother Jones*, 1 de mayo de 2003, archivado en michaelpollan.com/articles-archive/cruising-on-the-ark-of-taste

32 **que se organiza cada dos años:** Para más información sobre el «Salón del Gusto» y sus cifras, ver Mark Notaras, «Slow Food Movement Growing Fast», *Our World*, 31 de octubre de 2014, ourworld.unu.edu/en/slow-food-movement-growing-fast

33 **«Quienes sufren»:** Pollan, «Cruising on the Ark».

34 **«una contribución esencial»:** Pollan, «Cruising on the Ark».

35 **Más recientes son el movimiento Slow Media:** Para una buena introducción al Slow Media, recomiendo el libro de 2018 de Jennifer Rauch sobre el tema: Jennifer Rauch, *Slow Media: Why "Slow" Is Satisfying, Sustainable, and Smart* (Oxford: Oxford University Press, 2018), global.oup.com/academic/product/slow-media-9780190641795

35 **«Pero ahora se ha convertido»:** Carl Honoré, *In Praise of Slowness: Challenging the Cult of Speed* (New York: HarperOne, 2005), 86.

36 **«Deje de tratarnos»:** AppleTogether, «Thoughts on Office-Bound Work», appletogether.org/hotnews/thoughts-on-office-bound-work.html

36 **ha pasado un año desde que hiciera aquel anuncio:** Jane Thier, «Tim Cook Called Remote Work "the Mother of All Experiments". Now Apple Is Cracking Down on Employees Who Don't Come in 3 Days a Week, Report Says», *Fortune*, 24 de marzo de 2023, fortune.com/2023/03/24/remote-work-3-days-apple-discipline-terminates-tracks-tim-cook

37 **«Se encuentran a la vanguardia»:** Cal Newport, «What Hunter-Gatherers Can Teach Us about the Frustrations of Modern Work», *New Yorker*, 2 de noviembre de 2022, newyorker.com/culture/office-space/lessons-from-the-deep-history-of-work

37 **Según informó la *BBC*:** Alex Christian, «Four-Day Workweek Trial: The Firms Where It Didn't Work», BBC, 20 de marzo de 2023, bbc.com/worklife/article/20230319-four-day-workweek-trial-the-firms-where-it-didnt-work

37 **Aunque su proyecto de ley:** Gili Malinsky, «10 Companies Adopting a 4-Day Workweek That Are Hiring Right Now», Make It, *CNBC*, 19 de marzo de 2023, cnbc.com/2023/03/19/companies-with-a-four-day-workweek-that-are-hiring-right-now.html; y Ben Tobin, «Lowe's Started Offering a 4-Day Work Week after Complaints of a 'Chaotic' Scheduling System. Employees Say They Love It»,

Business Insider, 28 de marzo de 2023, businessinsider.com/lowes-workers-say-love-4-day-work-week-with-exceptions-2023-3

40 **Pensemos en Isaac Newton, que analizaba:** Cal Newport, «Newton's Productive School Break», *Cal Newport* (blog), 23 de marzo de 2023, calnewport.com/blog/2020/03/23/newtons-productive-school-break; y Cal Newport, «The Stone Carver in an Age of Computer Screens», *Cal Newport* (blog), 27 de octubre de 2020, calnewport.com/blog/2020/10/27/the-stone-carver-in-an-age-of-computer-screens.

40 **Más adelante explicaré:** Cal Newport, «What If Remote Work Didn't Mean Working from Home?», *New Yorker*, 21 de mayo de 2021, newyorker.com/culture/culturalcomment/remote-work-not-from-home.

CAPÍTULO 3: HAZ MENOS COSAS

47 **El nombre de la autora no figuraba:** Claire Tomalin, *Jane Austen: A Life* (New York: Vintage Books, 1999), 220.

47 **a los 41 años:** Tras su muerte se publicaron otras dos novelas de Jane Austen: *Persuasion* y *Northanger Abbey*.

48 **En el capítulo 6 de estas memorias:** James Edward Austen Leigh, *A Memoir of Jane Austen* (London: Richard Bentley and Son, 1871; Project Gutenberg, 2006), capítulo 6, 102, gutenberg.org/files/17797/17797-h/17797-h.htm

48 **y se repitiera en relatos más recientes:** Mason Currey, *Daily Rituals: How Artists Work* (New York: Knopf, 2013), 25-26.

50 **Como dice Claire Tomalin:** Tomalin, *Jane Austen*, 87.

50 **«[Esto les liberó] de todo»:** Tomalin, *Jane Austen*, 122.

50 **«abstraerse de la vida cotidiana»:** Tomalin, *Jane Austen*, 170.

51 **«No había bailes»:** Tomalin, *Jane Austen*, 214.

51 **«En este sentido»:** Tomalin, *Jane Austen*, 213.

55 **«De hecho, tuve que empezar a trabajar los fines de semana»:** Lananh Nguyen y Harry Wilson, «HSBC Manager Heart Attack Prompts Viral Post about Overwork», *Bloomberg*, 21 de abril de 2021, bloomberg.com/news/articles/2021-04-21/hsbc-manager-s-heart-attack-prompts-viral-post-about-overwork#xj4y7vzkg. Quienes no tengan LinkedIn ni, por lo tanto, acceso al *post* original, pueden encontrar una reproducción de estas seis resoluciones en Alema Ljuca, «Heart Attack Survivor Shares New Life Resolutions and It Goes Viral», *Medium*, 16 de junio de 2021, medium.com/better-advice/heart-attack-survivor-shares-new-life-resolutions-from-his-hospital-bed-5c7fd1aab2d8

55 **«La intensidad digital»:** *Work Trend Index Annual Report: The Next Great Disruption Is Hybrid Work-Are We Ready?*, Microsoft, 22 de marzo de 2021, microsoft.com/en-us/worklab/work-trend-index/hybrid-work

57 **«y las decisiones se demoran»:** Cal Newport, «Why Remote Work Is So Hard, and How It Can Be Fixed», *New Yorker*, 26 de mayo de 2020, newyorker.com/culture/annals-of-inquiry/can-remote-work-be-fixed

66 **«Es un problema que yo»:** Simon Singh, *Fermat's Enigma: The Epic Quest to Solve the World's Greatest Mathematical Problem* (New York: Anchor Books, 1997), 6.

66 «Estaba entusiasmado»: Singh, *Fermat's Enigma*, 205.

67 «Wiles abandonó todos los trabajos»: Singh, *Fermat's Enigma*, 207.

67 «Esta aparente productividad»: Singh, *Fermat's Enigma*, 210.

71 «herencia de años»: Jenny Blake, *Free Time* (Washington, DC: Ideapress, 2022), 7.

72 «Para que la verdadera buena física»: Esto pertenece a un artículo mío de 2014 sobre el vídeo, incluyendo la identificación del fragmento citado aquí (el vídeo, de 1981, ha sido retirado de YouTube por violación de los derechos de autor): Cal Newport, «Richard Feynman Didn't Win a Nobel by Responding Promptly to Emails», *Cal Newport* (blog), 20 de abril de 2014, calnewport.com/blog/2014/04/20/richard-feynman-didnt-win-a-nobel-by-responding-promptly-to-e-mails. La segunda mitad de esta cita se puede encontrar también en el obituario de Feynman en *Los Angeles Times*: Lee Dye, «Nobel Physicist R. P. Feynman of Caltech Dies», *Los Angeles Times*, 16 de febrero de 1988, latimes.com/archives/la-xpm-1988-02-16-mn-42968-story.html

73 «La irresponsabilidad exige estar siempre alerta»: Lawrence Grobel, «The Remarkable Dr. Feynman: Caltech's Eccentric Richard P. Feynman Is a Nobel Laureate, a Member of the Shuttle Commission, and Arguably the World's Best Theoretical Physicist», *Los Angeles Times*, 20 de abril de 1986, latimes.com/archives/la-xpm-1986-04-20-tm-1265-story.html. Una historia buena y concisa sobre Feynman y la comisión, incluido el detalle de que su antiguo alumno le obligó a participar, se puede encontrar en este artículo: Kevin Cook, «How Legendary Physicist Richard Feynman Helped Crack the Case on the Challenger Disaster», *Literary Hub*, 9 de junio de 2021, lithub.com/how-legendary-physicist-richard-feynman-helped-crack-the-case-on-the-challenger-disaster

76 «Este sector, visible»: Benjamin Franklin, *Autobiography of Benjamin Franklin*, ed. John Bigelow (Philadelphia: J. B. Lippincott, 1868; Project Gutenberg, 2006), capítulo 6, https://www.gutenberg.org/ebooks/20203

77 una lista diaria de las virtudes: Franklin, *Autobiography*, capítulo 9.

77 «Parte del problema era»: H. W. Brands, *The First American: The Life and Times of Benjamin Franklin* (New York: Anchor Books, 2002), 164.

78 «Hall se convirtió en la mano derecha de Franklin»: Brands, *The First American*, 166.

78 «Estoy arreglando mis viejas cuentas»: Brands, *The First American*, 189-90 (el énfasis es mío).

79 Poco después, y gracias en parte: Brands, *The First American*, 200-205.

80 «Cuando me voy al norte»: Ian Rankin, «Ian Rankin: "Solitude, Coffee, Music: 27 Days Later I Have a First Draft"», *The Guardian*, 7 de mayo de 2016, theguardian.com/books/2016/may/07/my-writing-day-ian-rankin

81 «La más mínima interrupción»: La información de Wharton procede en su mayoría de un artículo de Mason Currey adaptado de su libro *Daily Rituals: Women at Work*. Mason Currey, «Famous Women Authors Share Their Daily Writing Routines», Electric Lit, 15 de marzo de 2019, electricliterature.com/famous-women-authors-share-their-daily-writing-routines

81 recomiendo el libro: Para más información sobre la cuestión de bloquear el tiempo, ver el vídeo explicativo en timeblockplanner.com

85 **Empezaba con la historia:** Cal Newport, «The Rise and Fall of Getting Things Done», *New Yorker*, 17 de noviembre de 2020, newyorker.com/tech/annals-of-technology/the-rise-and-fall-of-getting-things-done

88 **reuniones para resolver temas pendientes:** Los lectores atentos notarán el homenaje en este nombre al delicioso podcast *Judge John Hodgman*.

89 **«Imagina que todos los miembros de tu equipo»:** Cal Newport, «It's Time to Embrace Slow Productivity», *New Yorker*, 3 de enero de 2022, newyorker.com/culture/office-space/its-time-to-embrace-slow-productivity

94 **«exprimir todo lo posible»:** Blake, *Free Time*, 4.

96 **«He acabado de hornear las magdalenas para Valentine»:** Brigid Schulte, *Overwhelmed: How to Work, Love, and Play When No One Has the Time* (New York: Picador, 2014), 5.

98 **quiere ser profesora:** Schulte, *Overwhelmed*, 13.

100 **«Breaking Logjams in Knowledge Work»:** Sheila Dodge, Don Kieffer y Nelson P. Repenning, «Breaking Logjams in Knowledge Work», *MIT Sloan Management Review*, 6 de septiembre de 2018, https://sloanreview.mit.edu/article/breaking-logjams-in-knowledge-work

CAPÍTULO 4: TRABAJA A UN RITMO NATURAL

112 **tardó aún tres:** John Gribbin, *The Scientists: A History of Science Told through the Lives of Its Greatest Inventors* (New York: Random House Trade Paperbacks, 2004), 8-9.

112 **sus clásicas observaciones:** Gribbin, *The Scientists*, 45-46.

112 **pero no llevó a cabo:** Gribbin, *The Scientists*, 75.

113 **«escalaban montañas, visitaban grutas»:** Eve Curie, *Madame Curie: A Biography*, traduc. Vincent Sheean (New York: Da Capo Press, 2001), 160-62.

113 **En él señalaba que:** Cal Newport, «On Pace and Productivity», *Cal Newport* (blog), 21 de julio de 2021, calnewport.com/blog/2021/07/21/on-pace-and-productivity

115 **«Galileo tuvo una vida»:** Gribbin, *The Scientists*, 81.

117 **«entorno marginal»:** Richard B. Lee, «What Hunters Do for a Living, or How to Make Out on Scarce Resources», en *Man the Hunter*, ed. Richard B. Lee y Irven DeVore (Chicago: Aldine Publishing, 1968), 30.

118 **Los humanos más o menos:** Es imposible identificar una fecha de aparición del *Homo sapiens* moderno. Se suele citar la cifra de 300.000 años por dos razones. En primer lugar, los fósiles de *Homo sapiens* más antiguos —hallados en Jebel Irhoud, en Marruecos— son más o menos de esta época (aunque poseen algunos rasgos muy arcaicos). Por otro lado, muchas otras excavaciones revelaron una transformación generalizada de la cultura material africana hacia el uso de herramientas más refinadas alrededor de esta época también, como cabría esperar de la llegada de una especie con mucho mejores capacidades cognitivas. Para un resumen de esta información, ver Brian Handwerk, «An Evolutionary Timeline of Homo Sapiens», *Smithsonian*, 2 de febrero de 2021, smithsonianmag.com/science-nature/essential-timeline-understanding-evolution-homo-sapiens-180976807

120 **«Los bosquimanos de la zona del Dobe»:** Lee, «What Hunters Do for a Living», 43.

120 **Pero, en general, su teoría:** Para profundizar en las críticas y la interpretación del estudio pionero de Richard Lee, ver mi artículo de noviembre de 2022 publicado en el *New Yorker*, en el que se basa gran parte de esta sección (incluidos todos los detalles y citas sobre Richard Lee y Mark Dyble): Cal Newport, «What Hunter-Gatherers Can Teach Us about the Frustrations of Modern Work», *New Yorker*, 2 de noviembre de 2022, newyorker.com/culture/office-space/lessons-from-the-deep-history-of-work

120 **Según figura en un artículo de referencia:** Mark Dyble, Jack Thorley, Abigail E. Page, Daniel Smith y Andrea Bamberg Migliano, «Engagement in Agricultural Work Is Associated with Reduced Leisure Time among Agta Hunter-Gatherers», *Nature Human Behaviour* 3, n.º 8 (agosto de 2019): 792-96, nature.com/articles/s41562-019-0614-6

125 **En el ya clásico artículo de Rebecca Mead:** Rebecca Mead, «All about the Hamiltons», *New Yorker*, 2 de febrero de 2015, newyorker.com/magazine/2015/02/09/hamiltons

126 **«Intentar representar musicales»:** Lin-Manuel Miranda, entrevista de Marc Maron, «Lin-Manuel Miranda», 14 de noviembre de 2016, en *WTF con Marc Maron*, podcast, 1:37:33, wtfpod.com/podcast/episode-759-lin-manuel-miranda

126 **«Esa mezcla de música latina»:** Mead, «All about the Hamiltons».

126 **empezaron a trabajar juntos:** Los detalles sobre el desarrollo de *In the Heights* han sido extraídos de dos artículos: Susan Dunne, «"In the Heights" Drafted When Lin-Manuel Miranda Was a Student at Wesleyan University, Opens in Movie Theaters», *Hartford Courant*, 10 de junio de 2021, courant.com/news/connecticut/hc-news-connecticut-wesleyan-in-the-heights-20210610-elvljdtnd5bunegtkuzv3aql2y-story.html; y «How the Eugene O'Neill Theater Center Gave Birth to *In the Heights*», *Playbill*, 24 de noviembre de 2016, playbill.com/article/how-the-eugene-oneill-theater-center-gave-birth-to-in-the-heights

136 **directora del Departamento de Arte:** Norma J. Roberts, ed., *The American Collections: Columbus Museum of Art* (Columbus, OH: Columbus Museum of Art, 1988), 76, archive.org/details/americancollecti0000colu/page/76/mode/2up

137 **«El lago es quizá»:** Alfred Stieglitz a Sherwood Anderson, 7 de agosto de 1924, Alfred Stieglitz / Georgia O'Keeffe Archive, Yale Collection of American Literature, Beinecke Rare Book and Manuscript Library, Yale University, box 2, folder 29, citado en «Lake George», Alfred Stieglitz Collection, Art Institute of Chicago, archive.artic.edu/stieglitz/lake-george

138 **casi siempre trabajando en su:** La información sobre el tiempo que pasó O'Keeffe en el lago George, incluida la afirmación de que fue el periodo más prolífico de su carrera, figura en «Georgia O'Keeffe's Lake George Connection», lakegeorge.com, lakegeorge.com/history/georgia-okeeffe. Para más detalles sobre el periodo del lago George, incluidos los detalles sobre la fecha de traslado de la mansión a la granja, el nombre del estudio de O'Keeffe y su rutina matutina, ver Molly Walsh, «O'Keeffe's Footsteps in Lake George Are Nearly Erased», *Seven Days*, 24 de junio de 2015, sevendaysvt.com/vermont/okeeffes-footsteps-in-lake-george-are-nearly-erased/Content?oid=2684054

139 **Todo empezó con un usuario de TikTok:** Luego cambió su nombre de usuario a @ZaidLeppelin.

140 **publicó a principios de agosto:** James Tapper, «Quiet Quitting: Why Doing the Bare Minimum at Work Has Gone Global», *The Guardian*, 6 de agosto de 2022, theguardian.com/money/2022/aug/06/quiet-quitting-why-doing-the-bare-minimum-at-work-has-gone-global

140 **The New York Times y:** Alyson Krueger, «Who Is Quiet Quitting For?», *The New York Times*, 23 de agosto de 2022, nytimes.com/2022/08/23/style/quiet-quitting-tiktok.html

140 **la NPR publicaron artículos:** Amina Kilpatrick, «What Is "Quiet Quitting", and How It May Be a Misnomer for Setting Boundaries at Work», NPR, 19 de agosto de 2022, npr.org/2022/08/19/1117753535/quiet-quitting-work-tiktok

140 **«una idea realmente mala»:** Goh Chiew Tong, «Is "Quiet Quitting" a Good Idea? Here's What Workplace Experts Say», NPR, 30 de agosto de 2022, cnbc.com/2022/08/30/is-quiet-quitting-a-good-idea-heres-what-workplace-experts-say.html

141 **la extrema izquierda de la vieja escuela:** Para quienes les interese este tema, en diciembre de 2022 publiqué un artículo en *The New Yorker* que ofrecía una demostración más detallada, incluyendo mi interpretación de su significado e importancia: Cal Newport, «The Year in Quiet Quitting», *New Yorker*, 29 de diciembre de 2022, newyorker.com/culture/2022-in-review/the-year-in-quiet-quitting

143 **«Las ventanas que dan»:** Para más detalles sobre Ian Fleming y «Goldeneye», ver Matthew Parker, *Goldeneye* (New York: Pegasus Books, 2015). La descripción que Patrick Leigh Fermor hace de la finca se ha citado a menudo; ver, por ejemplo, goldeneye.com/the-story-of-goldeneye, y Robin Hanbury Tenison, «The Friendly Isles: In the Footsteps of Patrick Leigh Fermor», patrickleighfermor.org/2010/04/20/the-friendly-isles-in-the-footsteps-of-patrick-leigh-fermor-by-robin-hanbury-tenison

146 **«La mayoría de estos días»:** Cal Newport, *So Good They Can't Ignore You* (New York: Grand Central, 2012), 126.

150 **«A veces, tenemos la tentación»:** «How We Work», en *37 signals Employee Handbook*, cap. 9, basecamp.com/handbook/09-how-we-work

151 **En el programa de *Steve Allen*:** Un vídeo de esta entrevista se puede ver online: Jack Kerouac, entrevista de Steve Allen, «JACK KEROUAC on THE STEVE ALLEN SHOW with Steve Allen 1959», Historic Films Stock Footage Archive, publicado el 12 de enero de 2015, YouTube, 6:51, youtube.com/watch?v=3LLp-NKo09Xk

152 **«se limitaba a hacer rodar el rollo»:** *All Things Considered*, «Jack Kerouac's Famous Scroll, "On the Road" Again», organizado por Melissa Block y Robert Siegel, emitido el 5 de julio de 2007 en *NPR*, npr.org/transcripts/11709924

153 **«Kerouac cultivó este mito»:** «Jack Kerouac's Famous Scroll».

153 **«Creo que eso me salvó»:** Mary Oliver, entrevista de Krista Tippett, «I Got Saved by the Beauty of the World», 5 de febrero de 2015, en *On Being*, podcast, *NPR*, 49:42, onbeing.org/programs/mary-oliver-i-got-saved-by-the-beauty-of-the-world

154 **«El espacio habitado trasciende»:** Aquí encontramos un buen resumen y debate sobre *The Poetics of Space*, y también ha sido mi fuente de inspiración para la cita del «espacio habitado»: Tulika Bahadur, «*The Poetics of Space*», On Art and Aesthetics, 5 de octubre de 2016, onartandaesthetics.com/2016/10/05/the-poetics-of-space

155 **«Me encanta que solo estemos»:** Mead, «All about the Hamiltons».

156 **Una foto del lugar:** «Neil Gaiman's Writing Shed», Well-Appointed Desk, 8 de julio de 2014, wellappointeddesk.com/2014/07/neil-gaimans-writing-shed

156 **Dan Brown, por su parte:** Sarah Lyall, «The World according to Dan Brown», *The New York Times*, 30 de septiembre de 2017, nytimes.com/2017/09/30/books/dan-brown-origin.html

156 **Francis Ford Coppola tiene:** Francis Ford Coppola, comentarios del director, *The Conversation*, ed. especial DVD, dirigida por Francis Ford Coppola (Hollywood, CA: Paramount Pictures, 2000).

157 **John McPhee reveló:** John McPhee, «Tabula Rasa: Volume Two», *New Yorker*, 12 de abril de 2021, newyorker.com/magazine/2021/04/19/tabula-rasa-volume-two

158 **conté en un artículo estas historias:** Muchas de las historias y todas las citas de esta sección proceden de mi artículo original sobre este tema: Cal Newport, «What If Remote Work Didn't Mean Working from Home?», *New Yorker*, 21 de mayo de 2021, newyorker.com/culture/cultural-comment/remote-work-not-from-home

160 **los rituales misteriosos desarrollados en el siglo VI a. C.:** Karen Armstrong, *The Case for God* (New York and Toronto: Knopf, 2009), 54.

161 **Los iniciados del año anterior:** Armstrong, *Case for God*, 56.

161 **«un compendio maravilloso del proceso religioso»:** Armstrong, *Case for God*, 56.

162 **David Lynch solía pedir:** Mason Currey, *Daily Rituals: How Artists Work* (New York: Knopf, 2013), 121.

162 **N. C. Wyeth se despertaba:** Currey, *Daily Rituals*, 177.

162 **Anne Rice escribió *Entrevista con el vampiro*:** Currey, *Daily Rituals*, 216.

162 Gertrude Stein se despertaba: Currey, Daily Rituals, 49-50.

CAPÍTULO 5: OBSESIÓNATE POR LA CALIDAD

166 **Jewel empezó a canturrear con ellos:** Es interesante destacar que Jewel no fue la única mujer que causó sensación en la década de los 90 habiendo vivido la misma experiencia de actuar en bares con sus padres a una edad demasiado temprana. Según revela el documental de 2022 *Shania Twain: Not Just a Girl*, Shania Twain también aprendió su oficio de niña, cantando en bares con su madre. Explica el documental que, en ocasiones, Twain se veía obligada a trasnochar porque solían hacer las actuaciones cuando cerraban los bares para eludir la ley que decía que era demasiado joven para estar en un establecimiento de bebidas alcohólicas en horario comercial.

166 **«bares *honky tonks, juke joints*»:** Jewel, *Never Broken: Songs Are Only Half the Story* (New York: Blue Rider Press, 2016), 21.

168 **«¿Crees que podrías...?»:** Jewel, entrevista de Joe Rogan, «Jewel Turned Down $1 Million Record Deal When She Was Homeless», 25 de octubre de 2021, en *The*

Joe Rogan Experience, podcast, 3:06, youtube.com/watch?v=DTGtC7FC4oI (en lo sucesivo, *JRE*).

168 «lo dio todo»: *JRE* 1724, 5:25.

168 «Vinieron de todos los sellos»: *JRE* 1724, 9:30.

169 «Rechacé el anticipo»: *JRE* 1724, 12:38.

169 «Tenía que colocarme»: *JRE* 1724, 13:20.

170 «Solo lo hacía para»: *JRE* 1724, 14:00.

170 «Para aprovecharlo de la manera»: Ver las entrevistas con Jewel, por ejemplo, Taylor Dunn, «Why Jewel Says She Turned Down a Million-Dollar Signing Bonus When She Was Homeless», *ABC News*, abcnews.go.com/Business/jewel-talks-human-growing-career-slowly/story?id=46598431

170 «La radio me odiaba»: Jewel, entrevista por Hrishikesh Hirway, «Jewel, You Were Meant for ME», episodio 198, *Song Exploder*, podcast, 17:58, trascripción disponible en songexploder.net/transcripts/jewel-transcript.pdf

170 Esto le permitió enfocar: Jewel, *Never Broken*, 173.

171 En un momento dado: Jewel, *Never Broken*, 177.

171 Y él le dio un consejo tajante: Jewel, *Never Broken*, 230.

172 «Fue asombroso»: Jewel, *Never Broken*, 231.

176 «¿Cuál recomiendo...?»: Jason Fell, «How Steve Jobs Saved Apple», *NBC News*, 30 de octubre de 2011, nbcnews.com/id/wbna45095399

176 «Decidir qué no hacer»: Jason Fell, «How Steve Jobs Saved Apple», *Entrepreneur*, 27 de octubre de 2011, entrepreneur.com/growing-a-business/how-steve-jobs-saved-apple/220604

178 «No estaba segura»: Jewel, *Never Broken*, 270.

180 «un cubículo acristalado»: Paul Jarvis, «Working Remotely on an Island: A Day in the Life of a Company of One», Penguin UK, penguin.co.uk/articles/2019/04/working-remotely-on-an-island-company-of-one-paul-jarvis

180 «Mi mujer y yo»: Cameron McCool, «Entrepreneur on the Island: A Conversation with Paul Jarvis», *Bench* (blog), 3 de junio de 2016, bench.co/blog/small-business-stories/paul-jarvis

180 «Cuando teletrabajas»: McCool, «Entrepreneur on the Island».

181 «Me despierto»: Jarvis, «Working Remotely on an Island».

183 «Aunque es como si hubiera»: Ira Glass, «Ira Glass on Storytelling 3», publicado el 11 de julio de 2009, warphotography, YouTube, 5:20, youtube.com/watch?v=X2wLP0izeJE

183 «Vuelves a tu mesa de trabajo»: Anne Lamott, *Bird by Bird: Some Instructions on Writing and Life* (New York: Anchor, 1994; rpt. 2019), 8.

184 reconozco la genialidad: Para más información sobre esta secuencia, ver V. Renée, «Here's What the First 3 Minutes of "Boogie Nights" Can Teach You about Shot Economy», No Film School, 26 de septiembre de 2016, nofilmschool.com/2016/09/heres-what-first-3-minutes-boogie-nights-can-teach-you-about-shot-economy

185 «Recuerdo que cuando terminé»: Ira Glass, entrevista de Michael Lewis, «Other People's Money: Ira Glass on Finding Your Voice», 1 de marzo de 2022, en *Against the Rules*, podcast, 26:46, pushkin.fm/podcasts/against-the-rules/other-peoples-money-ira-glass-on-finding-your-voice

185 **de cinco finalistas:** Los premios de 2021 eran los más recientes que se habían entregado cuando estaba preparando este capítulo, en 2022. De los cinco finalistas de 2021, Avni Doshi era el único que no tenía ninguna conexión con un programa MFA. De hecho, el que no asistiera a se considera tan inusual que se menciona en las entrevistas; por ejemplo, ver Sana Goyal, «"The Shape of This Moment": In Conversation with Avni Doshi», *The Margins*, Asian American Writers' Workshop, 21 de abril de 2021, aaww.org/the-shape-of-this-moment-in-conversation-with-avni-doshi

187 **¿Sabías, por ejemplo...?:** Vashi Nedomansky, «The Editing of MAD MAX: Fury Road», VashiVisuals, 30 de mayo de 2015, vashivisuals.com/the-editing-of-mad-max-fury-road

190 **De hecho, el biógrafo de Tolkien:** Raymond Edwards, *Tolkien* (Ramsbury, UK: Robert Hale, 2020), 165-67.

190 **«Los *Inklings* eran, ante todo»:** Edwards, *Tolkien*.

191 **Alexander Graham Bell guardaba:** Ver, por ejemplo, el siguiente artículo sobre el tema, que contiene algunas bonitas imágenes del cuaderno de Graham Bell: Seth Shulman, «The Telephone Gambit: Chasing Alexander Graham Bell's Secret», *Patently-O* (blog), 10 de enero de 2008, patentlyo.com/patent/2008/01/the-telephone-g.html

194 **una «gran reacción en contra»:** Clifford Williamson, «1966: The Beatles' Tumultuous World Tour», History Extra, 1 de junio de 2017, historyextra.com/period/20th-century/1966-the-beatles-tumultuous-world-tour

195 **más de 35.000 policías:** Mark Lewisohn, *The Complete Beatles Chronicle: The Definitive Day-by-Day Guide to the Beatles' Entire Career* (Chicago: Chicago Review Press, 1992; rpt. 2010), 211.

195 **La siguiente parada de la gira:** Williamson, «1966: The Beatles' Tumultuous World Tour».

195 **era «una citación»:** Williamson, «1966: The Beatles' Tumultuous World Tour».

195 **«más populares que Jesús»:** Williamson, «1966: The Beatles' Tumultuous World Tour». Para más información sobre la crisis de 1966 *Evening Standard*, ver Lewisohn, *The Complete Beatles Chronicle*.

196 **«Con la ayuda y la complicidad del»:** Jon Pareles, «Pop View; At Age 20, Sgt. Pepper Marches On», *New York Times*, 31 de mayo de 1987, nytimes.com/1987/05/31/arts/pop-view-at-age-20-sgt-pepper-marches-on.html

197 **«los críticos desprestigiaron *Sgt. Pepper*»:** Pareles, «Pop View; At Age 20, Sgt. Pepper Marches On».

199 **Siendo una niña:** Morgan Greenwald, «19 Celebrities Who Got Their Start on "Star Search"», *Best Life*, 16 de septiembre de 2020, bestlifeonline.com/star-search-celebrities

199 **Su alegre presencia en el escenario:** Los detalles sobre la temprana carrera de Alanis Morissette proceden de *Jagged*, documental dirigido por Alison Klayman (HBO Documentary Films, 2021).

200 **Con ayuda de su editora:** Jean-Francois Méan, «Interview with Scott Welch, Manager for Alanis Morissette», *HitQuarters*, 6 de agosto de 2002, web.archive.org/web/20120609212424/http://www.hitquarters.com/index.php3?page=intrview%2Fopar%2Fintrview_SWelch.html

200 «**Ella solo quería ser *artista***»: Lyndsey Parker, «Glen Ballard Recalls Making Alanis Morissette's "Jagged Little Pill", 25 Years Later: "I Was Just Hoping That Someone Would Hear It"», *Yahoo!Entertainment*, 25 de septiembre de 2020, yahoo. com/entertainment/glen-ballard-recalls-making-alanis-morissettes-jagged-little-pill-25-years-later-i-was-just-hoping-that-someone-would-hear-it-233222384. html

202 «**A partir de ese momento**»: «The Story of Twilight and Getting Published», Stephenie Meyer, stepheniemeyer.com/the-story-of-twilight-getting-published, consultado en diciembre de 2022.

203 **Cussler no tenía nada que hacer:** Michael Carlson, «Clive Cussler Obituary», *The Guardian*, 27 de febrero de 2020, theguardian.com/books/2020/feb/27/clive-cussler-obituary

204 «**Cualquiera que consultara**»: John Noble Wilford, «For Michael Crichton, Medicine Is for Writing», *New York Times*, 15 de junio de 1970, nytimes. com/1970/06/15/archives/for- michael-crichton-medicine-is-for-writing.html

204 **Empezó su primera:** Nicholas Wroe, «A Life in Writing: John Grisham», *The Guardian*, 25 de noviembre de 2011, theguardian.com/culture/2011/nov/25/john-grisham-life-in-writing

206 **En este momento:** Carlson, «Clive Cussler Obituary».

207 **Grisham no dejó de ejercer:** Oferta de derechos cinematográficos de *Los Angeles Times*, 17 de julio de 1993, latimes.com/archives/la-xpm-1993-07-17-mn-14067-story.html

209 «**Atrae la atención del público**»: «Assault on Precinct 13», BAMPFA, bampfa. org/event/assault-precinct-13

209 **Fue en Londres:** «Behind the Scenes: Halloween», Wayback Machine Internet Archive, web.archive.org/web/20061220013740/http://halloweenmovies.com/ filmarchive/h1bts.htm

209 «**Lo que hicimos fue obligar a Moustapha**»: «Behind the Scenes: Halloween».

209 **El film se rodó:** «Halloween» Box Office Mojo, IMDbPro, boxofficemojo.com/ release/rl1342342657, consultado en diciembre de 2022.

CONCLUSIÓN

213 «**Mecanografiar las notas**»: John McPhee, *Draft No. 4: On the Writing Process* (New York: Farrar, Straus and Giroux, 2018), 35.

214 **Un típico artículo de largo formato:** McPhee, *Draft No. 4*, 37.

214 *Encuentros con el archidruida*: McPhee, *Draft No. 4*, 25.

214 **McPhee fotocopió:** McPhee, *Draft No. 4*, 35-37.

214 «**un elemento esencial de mi**»: McPhee, *Draft No. 4*, 21.

215 «**Este proceso eliminaba cualquier distracción**»: McPhee, *Draft No. 4*, 35-36.

219 «**Y cuando alguien me dice**»: John McPhee, entrevista de Peter Hessler, «John McPhee, the Art of Nonfiction No. 3», *Paris Review*, primavera de 2010, theparis-review.org/interviews/5997/the-art-of-nonfiction-no-3-john-mcphee

ÍNDICE